18岁以后要懂点经济学

第2版

王文柱 著

中国纺织出版社

内 容 提 要

18岁以前，是父母在养你；18岁以后，你就要对自己的生活负责了。买房、投资、缴税、基金、消费……在商业社会，生活中处处离不开经济学。你懂得的经济学知识越多，越可能成为明白之人，过上自己想要的生活！

本书以与我们日常生活、工作、社会交往密切相关的各类社会经济现象为切入点，用通俗易懂的语言讲解了一些基本的经济学定律和各类能够启发思路的经济学问题，引导读者用经济学的视角和思维去指导自己的行为，解决生活中的各种难题，从而更快地走向成功。

图书在版编目（CIP）数据

18岁以后要懂点经济学/王文柱著. --2版.--北京：中国纺织出版社，2014.1

ISBN 978-7-5180-0220-7

Ⅰ.①1… Ⅱ.①王… Ⅲ.①经济学—通俗读物 Ⅳ.①F0-49

中国版本图书馆CIP数据核字（2013）第284454号

策划编辑：关 礼 刘 丹　　责任印制：储志伟

中国纺织出版社出版发行

地址：北京市朝阳区百子湾东里 A407 号楼 邮政编码：100124

邮购电话：010-87155894 传真：010-87155801

http: //www.c-textilep. com

E-mail:faxing@ c-textilep.com

北京楠萍印刷有限公司印刷 各地新华书店经销

2012年5月第1版 2014年1月第2版

2014年1月第2次印刷

开本：710×1000 1/16 印张：16

字数：181千字 定价：32.00元

序 言

不懂经济学，就没有未来

经济学，在常人眼里是一门艰涩难懂、沉闷枯燥又高深的学问，除非研读这个专业的学生，很少有年轻人在闲暇时主动去接触这门学科，也不会有多少人视各类经济学的书籍为自己热爱的业余读物。更多的年轻人关心的只是大学毕业后该如何择业、如何赚钱、如何找到一个好伴侣……殊不知，这些生活中的常见疑难问题，与“经济”这门学问是息息相关的——从物价上涨到货币贬值，从房价高升到次贷危机，经济学所涉及的就是与百姓最有利害关系的身边事，就是你永远也脱离不了的日常生活。

什么是经济学？通俗地说，它是一门帮助你思考的学问，有助于你作出更好的个人决策。经济学研究的起点是人的本性，它研究的对象是人的行为和社会活动。正因如此，英国文豪萧伯纳说过：“经济学是一门使人生幸福的艺术。”我国著名经济学家茅于轼先生也说过：“无论多深奥的理论，如果透彻地理解了它，必定可以还原为日常生活中的现象。”

现在的年轻人，刚走出校园象牙塔没几年，对社会还缺乏清醒的认识，多数人不是挣扎在复杂的人际关系中，就是忙于在职场中摸爬滚打，对于人生没有更理性的思考与认知。职场、房子、婚姻，是他们所面临的最主要的困惑和烦恼。许多人在莽莽撞撞、迷迷糊糊中就度过了人生中最重要的青年时代，会经历许多经验教训，也会遇到许多依然不解的困惑。

其实，我们的一生就是在以利益为前提，不断地作出选择中度过的。

如果有一天你发现，你左右为难、无所适从时，这就说明你需要补充点经济学知识了。只要你把经济学学懂、学通了，所有的选择与疑问都会有一个更为理性的解释。

经济学的特点就在于不逃避生活，无论你面临怎样的困境，都会给你指出一条明路，一条利益相对最大的路。经济学家萨缪尔森说，学经济学并非要让你变成天才；但若不学经济学，命运就很可能会与你格格不入。年轻的朋友们，学习经济学不是要去读懂斯蒂格利兹、萨缪尔森，不是为了学经济学而去学经济学，而是为了让经济学给予我们生活的启发和人生的智慧。

那么，年轻人该如何学习经济学呢？相信多数年轻人都苦于面对那些艰涩、深奥的经济学读物。基于这点，笔者创作了本书。它有别于市面上那些死板、教条的教材类书籍，也避开了图表、公式之类烦琐的经济学工具，而是以生活中的所见所闻以及各种活泼生动的故事为切入点，用最简单易懂、妙趣横生的语言来解释日常生活中的各种经济学现象，以此引导大家来领略经济学的魅力与智慧。笔者希望通过深入浅出的方式，让大家在轻松的阅读中搞懂经济学。

在本书里，你可以接触到一些经济学的基本原理以及很实用的经济学知识。掌握了这些，你既可以做个精明的投资人，又可以做个明明白白的消费者;既可以让自己在职场上呼风唤雨,又能成为交际圈的“红人”……总之，本书有利于你得心应手地运用生活中的“价值观”，全方位经营自己的人生。

年轻的朋友们，如果你不愿意在充满竞争的 21 世纪中落伍，那么，请翻开这本书，让我们一起用书中一个个切实有效的方法，来指引我们一步一步迈向成功吧！

目 录

导读

第1章 生活离不开经济学

——生活中不可不知的十大经济学原理

第2章 拆掉思维里的墙

——21世纪你应该具备的经济学思维

第3章 像经济学家一样思考

——解读我们身边常见的经济学现象

第4章　玩的就是心计

——让你精于城府和谋略的经济学博弈

第5章 别被商家“忽悠”了
——让你理性驾驭金钱的消费经济学

第6章 规划财富，享受增值
——让你越来越富有的投资理财经济学

第7章 他山之石，可以攻玉

——让你无往而不胜的职场经济学

第8章 卓越管理的智慧

——让你的工作更高效的管理经济学

第9章 跟紧时代的步伐

——推开中国经济大门必知的经济名词

导读

经济学帝国主义

“经济学帝国主义”一词是20世纪30年代由新西兰经济学家拉尔夫·苏特一次经济学讨论会中提出的。所谓经济学帝国主义，指的是用经济学的思想和分析方法来研究和解释其他社会科学所研究的问题。经济学帝国主义不断地超出自己的传统领域，向其他学科领地进行帝国式扩张，也就是说，经济学“侵略”了其他社会科学学科的传统领地，当然这种侵略并不是异想天开式的凑热闹，而是真正分析出一些其他社会学科所没有分析出来的东西，给人们以新的视角，新的启示。

例如，著名的经济学教授贝克尔曾运用经济学的分析方法对人类生育行为和家庭进行研究，此后，越来越多的经济学家喜欢尝试用经济学思维与工具来剖析爱情、婚姻等社会现象。

熊彼特曾说过这样的话：“骑士和诡辩论者的时代已经过去，代之而起的是经济学家和管理学家的时代。”无独有偶，新古典综合派的萨缪尔逊也说：“经济学由于其独特的方法论，必将侵入到其他社会科学领域并将君临其上。”可见，经济学本身的帝国主义色彩就极为浓烈，且大有鹤立鸡群之势。也难怪，在所有的社会科学中，只有经济学家是唯一被授予诺贝尔奖的社会科学家。这也就不难理解，经济学在过去的几十年里，之所以能开疆拓土，攻城略地，不可一世了。

从某种意义上说，凯恩斯算是最具有经济学帝国主义色彩的人，虽然他本人并没有进行过经济学帝国主义式的侵略。但他曾给世人留下了这样一句话，并深刻地影响着后来的经济学家：“经济学家和政治哲学家的思想，不论其对错，都比一般人想象的要有力得多。实际上这个世界就是被这些思想统治着的。讲求实际的人们以为自己能与所有精神世界中的影响绝缘，到头来却只是某位已故经济学家的奴隶而已。”

回到具体事实中来，经济学帝国主义在公共决策问题中的确做出了独一无二的贡献。因为经济学的任务之一就是研究人与人之间相互作用的关系，研究一个人追求利益最大化的行为是否会构成其他人追求自身利益的约束条件，然而每个人追求自身利益最大化的同时又必须把其他所有人追求利益最大化的行为当成自己的约束条件（资源的稀缺性）。因此，从这一点上说，只有经济学能在“均衡”的前提下告诉大家，我们的利益最大化其实都是“条件极值”，即“不可能再大”。为了达到这一均衡点，我们每一个人都要相互有所妥协，你占的好处太多，别人肯定不会坐以待毙，到头来你的损失将会更大。比如在社会平等这件事上，以市场经济为前提，一般的逻辑是只要机会均等、竞争合法、不搞特权不腐败，那么贫富差距的出现，就只能归结为人们的先天差异、后天努力、机遇运气等，具有不可避免的性质。但是，任何一个社会在任何一定时期的意识形态中，如果富人集团完全不考虑社会贫富差距越来越大会使社会关系越来越紧张这个后果，拒不进行必要的收入转移和扶弱济贫，那么，社会最终会陷入动乱以至内战的状态，这点从历史上无数次的“工人暴动”就可以得到证实。这样一来，富人致富的条件就会发生改变，以富人的观点来看，也就是“不合算”。而富人如果能多缴一点税用于社会福利，那么，在一定范围内对于他们的长远利益来说，也会是“合算”的。当然，我们这里说的是富人的“算计”，并不是指他们的善心，他们远比我们更懂得经济学，并会巧妙地运用。

在上述例子中，经济学所提供给社会的“建议”并不是“拉一派打一派”，而是要告诉大家，收入极端不平等是对大家没什么好处的，我们应该不走任何极端，而是追求某种程度上的“可持续的均衡”，即帕累托最优。

经济学帝国主义的概念最初仅是形容经济学的扩张趋势，以及应用的广泛性，在人们说开后，这个词让一些人产生了误解，认为它无所不能，或者是它在自吹无所不能。其实，经济学根本不可能“包打天下”，不可能在所有问题上都帮你得出结论，就像是你爱吃甜的还是爱吃辣的，你喜欢这个人多一些还是喜欢那个人多一些，你爱看书还是爱运动……对于经济学来说这些都只是你的个人偏好、价值观，理论是无法帮你做决定的，毕竟人是有思想、有理性的。改变一个人的价值观和行为选择，那不是经济学的使命。但是总有些人想要赋予经济学更多的使命，想把改变人们的思想感情道德观也拉入经济学的范畴，这就不是经济学帝国主义了，而是真正意义上的“踩过界”“跑到别人的田里收菜”了。

有些学者认为，导致经济学帝国主义化的最可能的原因，就是经济学家太多，而现今的经济学又太过数学化，使得数学功底差的经济学家对本学科望而却步，所以更愿意做一个经济学帝国主义家，将触角伸到其他学科，以便能更轻松地混碗饭吃。在这里，我们没有必要进行林林总总的反驳与辩论，只需明白最简单的道理，即经济决定政治，政治决定人们的生活，而人们的生活又包括了各个各面。明白了这个道理，经济学帝国主义的存在是否成立，就明朗化了。

论《国富论》与中国

全世界几乎所有学经济的人，都在读《国富论》。可以说，了解经济学，首先就必须了解《国富论》。即使那些获得诺贝尔经济学奖的经济学家们也会时常拿起这本书，重温那些经典的论述以及重要的观点，以免在浩繁的数学模型与公式中迷失方向。

《国富论》全名《国民财富的性质和原因的研究》，由政治经济学古典学派的创立者亚当·斯密所撰写并于 1776 年出版。在之后的 200 多年里，该书先后赢得了无数荣誉，被奉为西方经济学的“圣经”。英国著名历史学家巴克勒在其名著《文明史》中认为，“从最终效果来看，这也许是迄今最重要的书。”“这本书对人类幸福作出的贡献，甚至超过了所有名垂青史的政治家和立法者所作贡献的总和。”

其实回头看看历史，我们就会感到巴克勒对本书的赞扬一点也不夸张。《国富论》对于英国的贡献远比我们想象的要大得多。在《国富论》的理论指导下，英国成为世界工厂。为了实施自由贸易，英国用武力威胁的方式，迫使一个又一个国家打开了自己的大门，加拿大和波罗的海成为英国的林业生产基地，北美和俄国沦为英国的玉米基地，澳大利亚成为英国的农场，中国和印度为英国种植茶叶，南非的黄金流行于伦敦，秘鲁为英国送来白银，全世界最终形成了一个以英国为核心的商业贸易圈。而这个贸易圈为英国带来的绝非仅仅是经济利益。1815 年，英国威灵顿公爵于滑铁卢击败了拿破仑，当时震惊了整个世界。后来一些有识之士发现，就英法两国的军事实力而言，英国反而稍逊一筹，而就市场经济而言，英国却远比法国发达。因此，从某种意义上说，是亚当·斯密的《国富论》倡导的市场经济战胜了拿破仑，而非大不列颠军队。

《国富论》全书共分为五卷，具体内容如下：

第一卷，主要内容是分析形成以及改善劳动力生产能力的原因，分析国民财富分配的原则；

第二卷，主要内容是讨论资本的性质、积累方式，分析对劳动力数量的需求取决于工作的性质；

第三卷，主要内容是介绍造成当时比较普遍的重视城市工商业、轻视农业的原因；

第四卷，主要内容是列举和分析不同国家在不同阶段的各种经济理论；

第五卷，主要内容是分析国家收入的使用方式，是为全民还是只为少数人服务，如果为全民服务有多少种开支项目，各有什么优缺点；为什么当代政府都有赤字和国债，这些赤字和国债对真实财富的影响等。

在这里，我们只重点叙述第一卷有关中国的部分。在第一卷第八章

“论劳动工资”中，斯密指出一国不管多么富有，如果长期处于停滞状态，就不会有较高的工资。其中，他以中国为例来说明这一点：“中国向来是世界上最富有的国家，就是说，土地最肥沃、耕作最精细、人民最多而且最勤勉的国家。然而，许久以来，它似乎就停滞于静止状态了。今日旅行家关于中国耕作、勤劳及人口稠密状况的报告，与 500 年前视察该国的马可·波罗的记述比较，几乎没有什么区别。也许在马可·波罗时代，中国的财富就已完全达到了该国法律制度允许的发展程度。各旅行家的报告，虽有许多相互矛盾的地方，但关于中国劳动工资低廉和劳动者难于赡养家属的记述，则众口一词。中国耕作者终日劳作，所得报酬却只够买少量的稻米，但也会满足。技工的状况就更加恶劣了，欧洲技工总是漫无所事，悠闲自在地在自己的工场内等候顾客，中国技工却都是携带器具，为乞求工作而不断在街市东奔西走。中国下层人民的贫困程度，远远超过了欧洲最贫乏国民的贫困程度。据说，在广州附近，有数千户人家，没有居住在陆地上，只能住在河面的小渔船中。因为食物缺乏，这些人往往争抢欧洲来的船舶投弃于船外的污秽废物、腐烂的动物尸体，例如死猫或死狗，纵使一半烂掉并发臭，也会像得到卫生食品这么高兴……不过，中国虽可能处于静止状态，但似乎还未曾退步。那里，并没有被居民遗弃的都市，也没有任其荒芜的耕地。每年被雇用的劳动力仍是不变，或几乎不变，因此，指定用来维持劳动的资金也没有明显减少。所以，最下层劳动者的生活资料虽然很缺乏，但还能勉强维持下去，其阶级保持着原有的人数。”

《国富论》中所提到的中国大约正处在清朝乾隆中期以前。尽管斯密没来过中国，但他对中国的观察与分析是正确的。尤其应该指出的是，当时欧洲的许多传教士和旅行者对中国的观察都有不少误传。然而，斯密却在这些比较偏颇的资料中做出了自己独到的判断，可以说斯密对中国问题的论述远远高于这些人，这正是大师的过人之处。

在分析过程中，斯密抓住了当时中国封建社会最本质的特征，即长期停滞。可以说，中国是世界史上停滞时间最长的国家。它有广阔的土地，便利的交通和勤劳的人民，早就达到了封建制度的繁荣阶段。早在汉朝，中国就已经成为了强盛的大国，但自此以后的进步却越来越小。据一位美国经济学家估算，中国从西汉时期到 1952 年，人均收入仅增加了两成。就像一个早熟的孩子，早期发育得过快，后期却再也长不大了。有些学者把中国定义为“超稳定社会”也正是因为这种停滞性。中国社会的这种特点是理解中国近现代问题的关键，即中国艰难的现代化历程的复杂性与曲折性正来自于这种长期停滞，以及由此而形成的顽固保守意识。

斯密在《国富论》中对中国的论述并不算多，但却很精辟，只言片语就点到了要害之处。斯密的思想领先我们 200 多年。可惜的是，那时的学者并没有注意到这个问题。其实在这世界上，不是经济落后要挨打，而是观念落后才会挨打，因为没有观念的创新就不会有经济的强大。

别看错了世界

不少人都认为经济学是一门“沉闷的科学”。这个并不怎么好听的外号也折射出了普通读者对经济学的基本印象：采用了大量的数学与统计工具，论证与演绎过程过于抽象化、理性化，很少有形象的描述、情感的介入以及价值的判断，整个学科犹如笼罩着一抹阴郁的灰色，彰显着它的严肃与权威，让人望而却步。其实，经济学并非如此，它远比我们想象中的更加生活化、人性化。之所以这么说，是因为它无时无刻不存在于人们的日常生活中。为什么房价居高不下？为什么黄牛党挥之不去？为什么女人也会养男人？为什么“剩女”不结婚……我们的生活中存在着无数个这样的“为什么”，这些都可以用经济学的原理来解释；但是我们从未尝试着用经济学来解释这一切。要知道，经济学并不是冗长的公式，枯燥的定理，烦琐的分析，它的存在是基于我们对现实的思考。也许经济学并不能告诉你所有问题的答案，但是如果你能以经济学的视角来观察这个世界，你就会发现世界并非如此。因此，这就要求我们要懂一些经济学，别把世界看错了。

“飞鸟尽，良弓藏”，在中华几千年的历史上，周而复始地上演着这出悲剧。整个历史看似陷入了一个怪圈，无论你如何挣扎，终究不能走出这个循环。如果你认为这仅是个历史问题，那么你就错了。因为每朝每代都发生了此类事情，因此从逻辑上来说，这不应该是某个皇帝的个人素质问题。那么，我们不妨用经济学的理性思维来分析一下历史现象。其实，功臣天然就是“有罪”的，谁让他们有能力造反呢。用经济学的语言来说，就是功臣们的资产才造成了他们的悲剧，除了官位、财产和兵权这些有形资产外，他们还有着不可与肉体分离的才干、威望以及势力集团这些无形资产。功臣们放弃了官位，舍弃了财产，交出了兵权，但那些无形资产却无法一起上交。正如可口可乐的总裁断言，即使可口可乐所有的工厂都被毁，可口可乐凭借着自己的无形资产也同样能东山再起，这两者的道理是一样的。

经济学看人看世界，无一物是没有价格的。宝贵者如生命，珍贵者如爱情，都有价格，既然有价格就可以拿来分析。如果你觉得几千年前的历史距现今太遥远了，那么，现在就从我们的身边说起，比如爱情。

恋爱时的如胶似漆，不仅仅取决于新鲜感（边际效应总是从最高值开始递减，最高值即新鲜感），更是出于竞争的需要。你若是作为“卖方”，就必须要具备“保值升值”的潜力，“待价而沽”的资本以及其他“卖家”所没有的差异化服务。在多数情况下，“买方”的选择余地都会比较大，不存在“只此一家，别无分店”的情况。因此，你必须小心翼翼，谨慎以待，掂量着说每一句话，斟酌每一次的约会行动，因为它们很可能决定了你整个恋爱的成败。

为了让自己受到青睐，或是能够在众多觊觎者中得到心仪的那个人，作为“卖家”的你，必须充分提高自己的“质量”，不断完善自己，增强自身的竞争力，千方百计地讨好“买主”，或是不计成本地和情敌“血拼”。烛光晚餐、钻石倾情、花海战略……种种促销手段全部用上，最终，“买主”在“物有所值”的利诱下，“卖主”在修成正果的欣喜中，“交易”顺利完成，双方洋溢着满足与幸福，两个人告别了爱情的自由市场，牵手共赴婚姻的围城，即垄断。

当然，这并不意味着竞争的彻底消失，因为，从严格意义上讲，婚姻只是一种介于完全竞争和完全垄断之间的垄断竞争。也就是说，其他人也会参加竞争，你虽是“霸主”，但却并非是永久的。竞争者能够提供不同质的产品和服务，而消费者（配偶）也可以重新做出选择。当然，这种竞争并不是平等的，因为有壁垒的存在，即结婚证保护了你对婚姻的各项权利及收益，同时也限制了其他竞争者“准入”，因此，这种消费并不是自由的。

在这个世界中存在着很多假象，对此，人们很多时候总是表示深深的怀疑。不知道是世界欺骗了自己，还是自己的眼睛欺骗了自己。其实，在那些看似荒谬、没道理的现象背后，其实都是经济学在作怪。只要我们用经济学的眼光来考量我们的生活，对社会上的各种现象进行归纳分析，就会发现，并非是世界欺骗了我们，而是我们看错了世界。

别被经济学家们“忽悠”了

这几年来，经济学家们主要就干了这三件事。其一，极力鼓吹国有企业民营或私有化，对国有资本甚至提出零收购。说国有企业底子不好，就像冰棍一样会逐渐融化掉，与其自己融化光了，还不如送给国企老总，这就是流行一时的“冰棍理论”。可以说，该理论的本质就是一种无道德、无良知的理论，是掠夺国有资产的理论。如果按照这套体系做下去，结果除了在中国的土地上增添了一些新贵外，几乎没有给工人和百姓带来任何实在的收益，相反还会使他们成为受害者，那么他们的下岗和失业就没有任何意义了。

其二，在股市上，大凡出现哪个经济学家的点评，他们评得越多越好，该股就亏得越惨，于是“马后炮”成了经济学家们走不出的怪圈。为此，某香港分析人士发表言论，中国内地，能称得上经济学家的也就那么四五个。为了那点钱要遭人白眼，何必呢。当然，遭人白眼的地方还不止这一个。譬如某经济学家说，只有让火车票涨价才能缓解春运铁路的压力，结果票价是涨了，但民工认准的是老祖宗的规矩，过年就是得一家人团聚，因此该回家的还是要回家，春运压力并无缓和，除了让有关部门赚一笔，国人折腾一通外，基本上这个提议是别无它用的。

其三，现在大部分有些名气的经济学家，都把自己当成了明星，哪里有开发，哪里有庆典，哪里便能看到他们的身影。

中国并不是没有真正意义上的经济学家，而是伪经济学家太多了。他们的行为，就像是给行人指路，却指了个死胡同。劳民伤财一下不说，最怕的是，偏偏有些人还有“不撞南墙不回头”的精神。

经济学家们想要保住自己的饭碗、搞创收我们有理由理解。但这并不意味着经济学家们就可以逃脱承担责任和良心的拷问。

基于以上几点，我们学点经济学也变得尤为重要。鄙人学识有限，不求读者能够因该书而一夜成才，仅希望可以给读者一个全新的角度来重新理解生活。当你有了一定的经济理论基础、能够看穿事物的假象之后，任何伪科学在你面前都会无所遁形。

第1章　生活离不开经济学

——生活中不可不知的十大经济学原理

选择——我们要大炮还是要黄油

《拉封丹寓言》中有一只非常有名的布利丹毛驴，它在面对两捆干草时不知该吃哪一捆才好，最后竟然饿死了。在现实中，布利丹毛驴 面临的问题，正是经济学家所说的——选择。

"选择"作为经济学十大原理之首，即使从未学过经济的人也会对它深有体会。可以说，在经济学中所有的问题的本原归根结底都需要权衡取舍。而学习研究经济学的意义也正是在于帮助人们在权衡取舍中选择最优的方案。

人的欲望是无限的，但用于满足欲望的资源却是有限的，所以，决定用哪些资源去满足哪些欲望便是我们时时刻刻都要面临的问题。 这是个资源配置的问题，也是一个选择的过程。资源配置的实质就是 权衡取舍，即在取舍之间得到最大的利益。

生活中，权衡取舍的情况与人们息息相关，随处可见。每个人都会面临各种不同的选择，所以说，生活就是一个不断权衡取舍的过程。 就像早饭吃油条还是包子；下班是回家收拾屋子还是出去玩；逛街时看中了两件衣服，到底买哪一件才好；是买房还是投资；大学毕业了，是工作还是读研;两个男人都很喜欢你，你是选择有财的，还是选择有才的……可见，我们时时刻刻都在权衡着取舍。

作出选择、权衡取舍的第一课，便是要明白"天下没有白吃的午餐"。有时，为了得到我们想要的一件东西，就不得不放弃另一件自己所爱的东西。作出决策其实就是要求我们在一个目标与另一个目标之间有所取舍。

当然，选择也并非总是局限于生活琐事，在国际社会上也同样面临着各种不同的选择。最经典的便是要"黄油"还是要"大炮"，当一个国家把更多的钱投入到了国防（大炮）中以保卫自己的国土免受外国入侵时，改善人们生活水平的消费部分（黄油）势必会减少。

在现代社会里，类似的选择还有经济与环境之间的关系。要求企业减少污染，必然会增加生产资料与劳务的成本。由于成本上升了，企业的利润就减少了，支付的工资便会降低，产品的价格也会上升，结果很可能是这三种情况的博弈。因此，尽管污染管制、实施环保能够更好地改善我们的环境、提高健康水平，但其代价却是企业所有者、工人和消费者的收入减少。为此，我们不得不慎重为之。

比如说，作为学生必须知道如何分配自己宝贵的学习时间。他可以把所有的时间都用于钻研经济学，也可以把所有的时间都用于学习物理学，还可以把时间平均分配在这两个学科上。为此，他学习一小时某一门课，就必须放弃本来可以学习另一门课的一小时。而且，对于他用于学习的每一个小时，他都不得不放弃本来可用于睡觉、上网、看电视或打工赚点零花钱的时间。在决定如何使用家庭收入时，也同样面临取舍。可以买衣服、逛街、度假或者为孩子的教育储蓄一部分收入。但当他们选择把额外的一元钱用于一种物品时，那他们在其他物品上就要少花一元钱。

再来说说我国福利保障政策中的分配问题。某些政策，诸如福利制度或失业保障，最终目的是帮助那些需要帮助的社会成员。另一些政策，例如个人所得税，是要求经济收入水平较高的人士对政府的支持要比其他人更多。虽然这些政策对实现更深层次的平等有好处，但它以降低效率、打击人们的工作积极性为代价。当政府把富人 的经济收入再次分配给穷人时，就减少了对辛勤劳动的奖励。结果，人们的工作效率降低了，生产的物品与劳务也随之减少。换句话说，就是当政府想要把经济蛋糕切得更为均匀时，这块蛋糕也就变小了。 在经济发展方面，效率与公平是一对典型的矛盾。要效率就得牺牲点公平，就像改革开放 30 年来，我国一直以效率优先，结果经济的确发展得不错，但是贫富差距却越来越大，有些人难免就觉得有失公平。 还有建设廉租房、经济适用房也是典型的要公平、不重效率。对以上问题的取舍和平衡只能是看哪个问题表现得更为突出。

明白经济学中的选择性，能够帮助人们更好地理解在什么样的情况下作出什么样的选择。一个学生不应该用全部时间来学习经济学而放弃物理学，政府也不应该只为控制环境而降低了我们的物质生活水平，国家也不应该仅仅为了帮助穷人而扭曲了工作激励制度。

因为资源的稀缺性和有限性，人们对资源的用途必须作出合理的选择。经济学并不是直接教你怎样去赚钱，而是要教会你如何运用博弈的思想去进行取舍、选择，选择对了，也就自然赚到钱了。

贸易——靠什么构建美好生活

如今在这个世界上，贸易可谓无处不在。当你端起茶杯、翻开报纸时，贸易就已经存在了。人们身边的很多美好事物都是贸易所给予的。可以说，贸易可以使每个人的生活状况变得更好。

贸易，是自愿的货品或服务交换。贸易也被称为商业。最原始的贸易形式是以物易物，即直接交换货品或服务。现代的贸易则普遍以一种媒介作讨价还价，如金钱。金钱及非实体金钱大大简化和促进了贸易。两个贸易者之间的贸易称为双边贸易，多于两个贸易者的则称为多边贸易。贸易出现的原因众多，由于劳动力的专门化，个体只会从事一个小范围的工作，所以他们必须以贸易来获取生活用品。

随着计算机网络的普及，电子商务飞速发展，“网购”已经由时尚转变为一种生活习惯。由此，人们的贸易活动也更加频繁、便捷了。可以说，在这个地球村中，几乎人人都与贸易发生着直接或间接的关系。

下面，我们不妨先来看看人们一天的生活。

清晨，你一觉醒来，身上盖着由山东生产的棉花而在温州缝制的棉被；

洗漱完毕，便收到了由东北林场的树木制造的纸而在北京印刷的晨报；来到餐桌前，喝上一杯由巴西产出的咖啡豆而在中国加工的咖啡；一切整理完毕，开上一辆由多个国家各自生产的配件组装成的汽车去上班……

午休时间，打开在美国拍摄制作又卖到中国来的好莱坞大片观看；看完了，又通过中国的网络服务来浏览全球各地的新闻……

晚上下班，公司聚会，大家去了一家中国人投资而由法国人主厨的法国餐厅；又喝了几瓶由西班牙人生产而在中国贩售的红酒……

这样的一天似乎充满着情趣与浪漫，而构建这一美好生活基础的，正是贸易。一个人从早到晚，甚至连睡觉的时候都不可能离开贸易。人们穿的衣服、消费的生活用品等，都隐藏着由合作而产生的贸易经济。

对于这一经济概念，我们不妨讲个故事来更好地理解——养牛人和农夫都很喜欢吃土豆和牛肉。假设他们每周都工作 40 小时，那么就会有两种情况：

第一种：养牛人和农夫都是既生产土豆又生产牛肉。养牛人平均生产 1 斤牛肉的时间是 1 个小时，生产 1 斤土豆的时间是 40 分钟；而农夫平均生产 1 斤牛肉的时间是 2 个小时，生产 1 斤土豆的时间是 20 分钟。那么，在 40 小时后，养牛人所得的牛肉为 40 斤，土豆为 60 斤；农夫所得牛肉为 20 斤，土豆为 120 斤。

第二种：农夫和养牛人都各自在擅长的领域从事生产，农夫生产土豆，养牛人生产牛肉。结果，他们各自的效率都提升了，养牛人生产 1 斤牛肉只需半个小时，农夫生产 1 斤土豆也只需 10 分钟。这就是说 40 小时之后，养牛人可以获得 80 斤牛肉，农夫可以获得 240 斤土豆。

也许有人会认为第一种情况更好一些，每个人都能同时得到牛肉和土豆。其实不然，因为不要忘了“贸易”的存在。

如果说 1 斤牛肉可以换得 4 斤土豆，那么，养牛人拿出 20 斤牛肉就可换得 80 斤土豆，而自己还剩 60 斤牛肉，从而最后得到了 60 斤牛肉、80 斤土豆，而农夫也通过贸易得到了 20 斤牛肉、160 斤土豆。

如果继续这个模式，养牛人和农夫便都可以在自己最擅长的领域从事生产，再也不用分心去研究自己不懂的了。如此专心致志地生产一种产品，不仅能使效率提高，产品的质量也将得到提高。而这种分工合作还有一个最大好处，就是他们各自的生产成本都降低了。总而言之，贸易会使人得到更多，生活也会更加丰富。

人与人之间存在着个体的差异，每个人都有自己擅长的地方，而且每个人都会有自己特殊的做事方法。贸易使大家的成果能够互相交换、共享，不必亲自去生产，却能从别人那里得到自己需要的东西。这远比孤立生产、各自为战要科学合理得多。就像是一部电脑，主板是由韩国生产的、CPU 是由美国提供的、最后的组装是在中国完成的……这其中，贸易经济使各国的优势都发挥到了极致。

贸易会使我们的生活变得更加丰富多彩，因此当你尽情享受生活的乐趣时，请不要忘记美好生活的背后都是贸易在发生着作用。我们不妨细心观察一下，计算一下在我们一天的生活中存在着多少贸易，自己又参与了多少贸易活动。掌握好这条经济学原理，我们的生活必将会变得更加美好。

激励——哥伦布航行的动力何在

1492 年，人类历史上发生了一件重大事件，那就是哥伦布发现美洲大陆。哥伦布的环球之行可谓来之不易。此前，他只不过是一个出身卑微，默默无闻的水手，唯一值得骄傲的就是胸怀当航海家的豪情壮志，及其为世人所嘲笑的“白日梦”——改变当时世人所公认的从葡萄牙绕过非洲去印度的路线。

为了实现自己的梦想，从 1484 年开始，哥伦布就向西班牙国王提出了这个听起来很疯狂的想法。之后的 8 年，哥伦布一直在做“公关”。直至 1492 年，在西班牙王后的大力支持下，西班牙国王才同意让哥伦布实施这一计划。1492 年 8 月的一天，41 岁的哥伦布期待已久的一刻终于到来了，他带领 120 人分别乘 3 只小船离开了西班牙，开始向西环球航行。

1492 年 10 月 12 日，经过一个多月的航行，他们终于登上了巴哈马群岛，当时他为它命名为圣萨尔瓦多岛。后来，哥伦布又曾先后三次航行到美洲沿岸，进行了实地考察，他成为西方历史上第一个发现美洲新大陆的人。哥伦布的航海掀开了一个新时代，他为此付出了巨大的代价。人们不禁会问，哥伦布如此大的动力是从哪里来的呢？

事实上，哥伦布并不是完全无私地完成这项“壮举”的。8 年的努力，在最后成功的那一刻，哥伦布提出了自己的“条件”，他和西班牙国王与王后签订了一份契约：“国王对哥伦布发现的新大陆拥有宗主权，条件是哥伦布被封为贵族暨大西洋海军元帅，并被承诺担任未来所发现的岛屿和陆地的总督，这些头衔也都将世袭。新发现土地上的任何产品的 10% 都归哥伦布所有，他也可以参与新土地上所有的商业活动，投资和利润占总

额的 1/8。而他对前往新大陆经商的船只可以征收 10% 的税，对自己运往西班牙的货物实行免税。”

这种利益的刺激便是经济学中的“激励”，通过激励，使得哥伦布整整付出了 8 年的时间。明白了这其中的缘由，我们回过头再来分析，哥伦布的所作所为是绝对值得的，它所带来的利益是之前人们无法想象的。同样，在 1519 年麦哲伦航海探险计划开始进行时，西班牙国王也承诺从新发现的领土中拨出 5% 赏赐给麦哲伦，并允许其参与未来的土地开发、商品的买卖。由此可以看出，远航探险不仅可以带来荣誉，更可以发家致富。

这种在利益刺激之下的契约，使欧洲航海探险事业迅猛地发展起来，他们从一开始就注重对每一次新发现的发布与记载。每当他们发现一块新的陆地、一座新的岛屿，就给予命名，并将其划入本国的版图内。但是反过来看我国的郑和下西洋，在公元 1405 ~ 1433 年这段时间里，郑和所指挥的庞大船队，七次英雄式的远航，足迹遍及中国周边海域与印度洋，从中国台湾到波斯湾，并远至中国人心目中遍地是黄金的非洲。在当时，世界版图的一半似乎在中国的掌握之中了，加上一支无敌的海军舰队，如果中国想的话，另外一半似乎也并不难成为中国的势力范围。

但是，问题的关键就在于郑和出行前并未与皇帝订立合约，在我国传统的封建思想之下，国家的一切都是属于皇帝的，所以，理所当然郑和及其一切航海船只均属于皇帝个人所有，这纯属一次政治性的私人出巡。因此他不可能发现新大陆，世界经济史上只有哥伦布，却不可能有郑和，尽管后者下西洋的规模可谓前所未有。

其实在市场经济中也一样，经济利益才是其他利益的基础和先导。只有预期收益足够诱人，才有可能创造出惊天动地的业绩。无论是对个人来说还是对国家来说，只有所采取的行为符合“边际利益大于边际成本”的经济法则之时，才有可能带来源源不断的财富，而这样的行为也才是最符合经济原则的行为。

边际效用——为什么人生无法“如初见”

被视为美国历史上最伟大总统之一的罗斯福，是 20 世纪最受美国民众期望和爱戴的总统，也是美国历史上唯一一位连任 4 届的总统。在罗斯福第三次连任之后，曾有记者问他有何感想，他一言不发，只是拿出了一块三明治让记者吃，记者高兴地吃完了，他又拿出第二块，记者勉强吃了下去，没想到他紧接着又拿出了第三块，记者见状赶紧婉言谢绝，这时罗斯福笑着说：“现在你知道我连任三届总统的滋味了吧。”

这个现象就是经济学中所说的边际效用递减。要了解这个规律，我们首先要了解一下“边际效用”。在经济学中，效用是指商品满足人的欲望的能力，或者说，效用是指消费者在消费商品时所感受到的满足程度。边际效用指的是在一定时间内消费者增加一个单位商品或服务所带来的新增效用，也就是总效用的增量。边际效用递减的具体概念为：一个人连续消费某种物品时，随着所消费的该物品的数量增加，其总 效用虽然相应增加，但物品的边际效用有递减的趋势。在上面那个吃三明治的例子中，记者在吃第一块三明治的时候很高兴，第二块就有些勉强，第三块便断然谢绝了。可见，记者的满足程度是越来越低的，这就是边际效用递减的具体表现。

英国著名的法学家边沁曾经说过，一个人占有的财产越多，他从增加的财产上所获得的幸福就越少。如果我们用货币来衡量，边际效应递减就表现为：给某人一定量的货币，会相应地引起一定量的快乐，再给他同等量的货币，他的快乐量虽然会增加，但第二次增加的快乐量并不能达到第一次的一倍。虽然这种功利主义思想并不为人们所认同，但却直接启发了后来边际效用理论的构建，而根据该理论所建立的主观主义价值论，已成为经济学大厦中不可或缺的一块基石。

举个例子来说，在生活中面对我们向往的事物，第一次接触到该事物时情绪变化最为强烈，第二次接触的时候就会淡一些，第三次会更淡……这样下去，我们接触该事物的次数越多，我们的情感表现就越为淡漠，逐渐趋向乏味。用经济学术语来说就是，“某人在近期内重复获得相同报酬的次数越多，那么，这一报酬的追加部分对他的价值就越小。”

就像谈恋爱，当我们第一次谈恋爱的时候，印象往往是最为深刻的，第二次的时候，印象就没有第一次那么深刻了，而第三次又没有第二次深刻，以此类推。很多人都希望“人生若只如初见”，不希望恋爱的幸福感不断递减，这也就是人们为什么会对初恋那么念念不忘了。再比如，有个地方景色非常美，是旅游的好去处。你第一次去会感受到大自然的魅力，无比激动，欣喜若狂。但如果去的次数多了，就不觉得会有多么美了，正如著名诗人汪国真所说“熟悉的地方没有风景”。 由此我们可以得知，为什么我们对身边经常看到的一些事物常常会熟视无睹，因为你看见它的次数多了，它对你的吸引力也就减弱了。这其实也是你的注意力在随着所见次数的增加而在衰减。

我们在街上看到开着奔驰的人对于掉在路边的一元硬币无动于衷，是因为一元钱在富人手中比在穷人手中的效用要低得多。这就是为什么比起国内哪个大集团今年的收入又增加了几个亿，我们更关注那些低收入者的生活能得到多少改善。这就是为什么比起去年中国人消费了多少奢侈品，我们更想知道家电下乡政策是否能让更多的农民看得上电视。

当然，边际递增的现象也很多，例如毒品和集邮。我们都知道吸毒品会使人上瘾，毒品是越吸越想吸，并不会随着你的吸入量的增多而效用减小，相反，效用还会随着吸入量的增加而增大。还有集邮，假如一套邮票有 30 张，拿到一张可以卖 20 元，但如果你集齐 30 张绝对不只是卖 600 元，这也是边际效用的递增。

因此，边际效用虽然是经济学领域的名词，但也同样可以应用于我们的生活中，并且它通常都是递减的。这也正是为什么人们总会感觉到“天天吃山珍海味，也吃不出当年饺子的香味”，因为，幸福往往与效用成正比，与欲望成反比。

生产率——拿什么衡量一国经济

“生产率”的问题，一直被经济学界视为最古老的命题之一，但它同时却又永远保持着年轻。特别在当今经济社会迅速发展、科学技术突飞猛进的年代里，生产率已经不仅仅是经济学家关心的问题，各国政府、工程界、科技界、企业家也都在关注着这一焦点问题。它对于人民生活水平的提高、国家的富强、经济的发展，都具有极其重大的意义。生产率是指在经济运行过程中投入与产出数量之间的关系（总产出除以劳动投入是劳动生产率）。如果相同数量的投入生产出了更多的产品，生产率就提高了；如果相同数量的投入生产的产品减少了，那么生产率就下降了。对于劳动者来说，其劳动生产率可以用单位时间内所生产的产品数量来表示：在单位时间内所生产的产品越多，劳动生产率就越高。相反，在单位时间内所生产的产品越少，则劳动生产率越低。还可以用生产单位产品所用的单位时间来表示：生产单位产品所需要的时间越少，则劳动生产率越高；反之，生产单位产品所需要的时间越多，则劳动生产率越低。我们由此可以推出，劳动生产率水平是由社会生产力的发展状况所决定的。

世界上各国的劳动生产率有高也有低。生产率越高的国家，在国际竞争中就越具有实力，人们生活水平就越高。那么，不同的生产率又是由哪些因素决定的呢？

第一是科学技术。由于科学技术已经被广泛运用到生活、生产当中去了，所以，现在科技发展水平可以直接影响生产率的提升。由此，各国技术水平的差异也造成了各国收入水平的差异。第二是管理水平，主要包括制度的确立和劳动者的分工协作能力以及领导者的管理理念。第三，劳动者的自身素质以及平均熟练程度。由于获取教育的机会不同，人力资本有很大差异性，生产效率也就会有差异性。第四，生产规模和生产资料的能效。主要是对劳动工具有效使用的程度和对原材料利用的程度。第五，自然条件。这是一个客观条件。主要包括与社会生产有关的资源分布、气候条件和土壤肥沃程度等。

生产率是评价一个经济组织的主要依据。生产率的高低也是衡量一个国家经济发展水平的主要指标。世界上经济发达国家都把提高生产率放在首位，并用生产率指标考核企业的发展状况。21 世纪是提高研发生产率的时代，每一个国家、每一个企业、每一个工作者，都应高度重视生产率。在实践工作中提高对生产率的重视,以生产率为经济发展水平的衡量标准。

机会成本——比尔·盖茨为什么放弃哈佛

从经济学的角度来看，做任何事情都是有成本的，“天下没有免费的午餐”。选择同样也要付出代价，这个代价就是机会成本，即选择一件东西的机会成本等于为了得到这件东西而放弃的另一件东西的价值。面对有限的资源，为了能够使自身的收益最大化，我们必须学会选择、学会放弃。选择有时候很容易，但有时却很难，难就难在备选的选项都具有不相上下的优势。不过，只要我们懂得运用经济学来分析机会成本，便可以作出最合理、利益最大化的选择。

机会成本又称替代性成本、择一成本，是指在经济决策过程中，因选取某一方案而放弃另一方案所付出的代价或丧失的潜在利益。我们要想对备选选项的经济效益和发展前景作出正确的评价与判断，就必须在决策前进行仔细分析，将已放弃的选项有可能获得的潜在收益作为被选选项的机会成本计算在内。下面我们就来看一看世界首富、微软公司前任总裁比尔·盖茨在进行选择时是如何计算机会成本的。

比尔·盖茨于 1973 年顺利地进入哈佛大学法律系学习，可是他对法律并不感兴趣，反而更钟爱计算机。盖茨在 19 岁那年便有了创办软件公司的想法。为此，他面临着一项艰难的选择：是继续读书拿到人们梦寐以求的哈佛大学毕业证书，还是放弃学业开办自己的软件公司。拿到哈佛大学的学位证一直都是他的梦想，可是经营自己的软件公司也是他的奋斗目标。在经过一番苦苦思考之后，他毅然决然地放弃了学业，开办自己的软件公司。事实也证明了他的选择是对的，1999 年美国《福布斯》杂志的世界富豪评选中，比尔·盖茨以净资产 850 亿美元毫无疑问地登上了榜首。同年 3 月 27 日，盖茨回母校参加募捐活动时，有位记者问他是否愿意继续回到哈佛完成学业，以弥补他曾经的遗憾时，盖茨只是礼貌性地微微一笑，并没有作出任何回答。由此也可以看出，盖茨已经不愿意为了哈佛的学位证书而放弃自己现有的事业了。

这是为什么呢？按道理说，完成学业一直是盖茨的梦想，现在他已经实现了创办软件公司的愿望，完全可以全身心地投入到学习当中去，实现他的哈佛梦，可是他为什么放弃了呢？从经济学的观点来看，这个问题并不令人费解。因为盖茨在计算机领域已经建立起自己的王国了，而上学对他来说得到的利益不可能比他现有的事业所带来的利益还要大。所以，对于现在的盖茨而言，放弃自己的事业去上学远比放弃学业继续事业的机会成本更大，这样一来，他当然会选择机会成本较小、收益较大的一方了。

生活中机会成本的例子随处可见，例如在爱情的取舍上，你嫁给一个人的机会成本，就是你所放弃的现有的单身生活以及嫁给另外一个人的种种可能。一个美女面对两个势均力敌的追求者，之所以难以作出选择，原因就是在机会成本的比较中，两者旗鼓相当。再比如朋友请你吃饭，你很高兴觉得并没有付出什么成本。但事实真的如此吗？即使可以肯定下次不用再回请朋友吃饭，但是在这次吃饭过程中你还是付出了成本，那就是时间成本。因为你本来可以用这段时间休息、看书或是健身，以获得其他方面的收获，这其中所花费的时间就是这顿饭的机会成本。越是名人，他的时间成本就越高，吃饭的机会成本也就越高。就像美国股神巴菲特，2010 年和他共进午餐的机会就被拍卖到了 262 万美元的天价。所以我们说“天下没有免费的午餐”是有道理的。

当然，机会成本所指的机会必须是决策者可选择的项目，若不是可选择的项目则不属于决策者的机会。例如某个农民只会养牛和养鸡，那么养猪就不会是这位农民的机会。

人们在日常生活中，经常要面对各种各样的决策，在决策的过程中要面临各种各样的选项，在分析选项时要计算各种各样的机会成本，只有所获利益高于成本的情况下，人们才会采取行动。因此，在整个选择的过程中，机会成本可以说是最为重要也是最为基础的一个环节，因为只有充分考虑机会成本，我们才会作出更加明智的决策。

有形的手——政府能改变市场结果吗

宏观调控与市场调节是进行资源配置的两种手段，被人们形象地比喻为有形的手和无形的手。在这里我们主要谈一下宏观调控。 宏观调控，是政府实施的政策措施以调节市场经济的运行。在市场经济中，商品和服务的供应及需求是受价格规律及自由市场机制所影响的。市场经济带来经济增长，但会引发通货膨胀，而高潮后所跟随的衰退却使经济停滞甚至倒退，这种周期波动对社会资源及生产力都造成严重影响。所以宏观调控是着重以整体社会的经济运作，通过人为调节供应与需求，以使得经济健康、平稳地发展。

现实中的市场经济并不是万能的，单纯的市场调节也不能实现资源的合理配置。这样一来，就存在很多缺陷和弱点。比如垄断的出现，就使得市场竞争严重不公平，资源配置也不合理。市场机制的有效性必须以完全竞争为前提，但在现实中，由于规模效益的因素使有些部门容易产生垄断，从而破坏市场机制的作用，导致某些实力雄厚的垄断企业限制竞争和生产要素流动，扭曲价格，并降低资源配置效率。

我们依旧来说比尔·盖茨的经典故事。成功一方面来自于他的努力和才华，另一方面就是来自政府对于他知识产权的保护。对于比尔·盖茨而言，如果没有专利的保护，新产品的开发就不会有相应的动力。而且，即使新产品开发出来了，没有版权的保护措施，也会使得盗版猖獗，微软仍是拿不到足够的回报投入到再生产之中。例如：微软公司对其产品进行捆绑销售，它的视窗操作系统已经垄断了桌面操作系统市场。市场上出售的个人电脑几乎都预装了微软公司的视窗操作系统，以此排挤当时著名的网景公司所推出的网景浏览器，这使得微软在浏览器上大获全胜。不过，随着微软的成功，它的市场份额也越来越大，最后导致垄断，阻碍了市场上的自由竞争，同时它所制定的高价位也损害了消费者的利益。这时，政府适时地介入，美国联邦法院也介入，并裁定微软公司滥用其在操作系统市场上的优势地位，导致行业垄断。

由此可见，只有国家的宏观调控适时地介入，才能保证一个国家的经济健康、稳定地发展。

2009年下半年，随着我国经济从全球性金融危机中复苏过来，房价开始大幅度攀升，超出了老百姓的承受范围。如果我们只是靠市场的自主调节，那高昂的房价一定会导致购买者越来越少，从而使得房价下降很多。然而，事实却是房价居高不下，长期保持在高位的一种不正常的现象。在这种情况下，很明显，单凭市场调节这只“无形的手”已经不足以合理地调节市场了。这时候就只能靠政府有效调节的这只“有形的手”出面，采取一些政策性的措施来控制楼市。

我国社会主义市场经济建设已经取得了显著的成果。在这个阶段中，“有形的手”起到了重要的作用。

无形的手——你看不见的市场信号

懂得经济学的人都熟悉亚当·斯密，他的《国富论》是经济学中不朽的经典。其精髓就在于他所提出的“看不见的手”，也就是“无形的手”——市场调节。市场调节也是资源配置的一种十分重要的手段。它能通过价格、供求、竞争之间的相互作用与影响，推动资源的合理分配提高资源的利用效率，从而促进社会经济的发展。

亚当·斯密认为，每个人都应该充分利用好资本，使之产生最大的价值。从主观上讲，这个人未必想促进公共福利的增长，更不清楚他实际上到底增加了多少公共福利。他所追求的只是个人的利益而已，然而，当他这样做的时候，有一只无形的手在引导着他去参与市场调节、增加社会福利。当然，这种行为产生的效果并非他本意想追求的东西。他只是在追求个人利益的同时，无意识地增进社会的利益，其作用往往比真正想促进社会利益时所得到的效果还要好。

亚当·斯密之所以有这个论断，就是他认为每个人都有“利已心”，正是“利已心”驱使着人们去获取最大利益，而如果每个人都得到了利益，那么整个社会也就得到了，国家的经济实力也就增强了。这就是亚当·斯密“无形的手”的实质。市场调节就是这只无形的手，而价格就是指引这只手调节经济活动的工具。

举个例子来说，前段时间，市场上的萝卜2元一斤，而土豆只卖1元一斤。那么，大批农民便都决定种萝卜，原来种土豆的也都改种萝卜了。结果可想而知，几个月后大批萝卜涌入市场，而土豆却很少能买得到了。

由于供过于求，萝卜的价格一下狂跌到了 4 角钱一斤，而土豆却因为供不应求，价格一路飙升。于是，农民们又开始收了萝卜改种土豆。反复几次，市场上的供需才趋于平衡状态。

从表面上看，这只是农民种地的问题。而实际上，这正是一种市场调节，也就是亚当·斯密所提出的“无形的手”。虽然市场调节对于经济活动有十分重要的影响力，但是也并不是万能的。市场失灵的现象不断出现，这也正说明了不能单靠市场调节来完善经济的运行。

通货膨胀——当钱不再值钱怎么办

20 世纪 90 年代，我国政府为了发展经济，把人民币兑美元汇率从 2 ∶ 1 一下子调到了 8 ∶ 1，从此很多国人开始死心塌地地利用家里充足的劳动力和资源给老外打工。也就是从那时开始，中国的出口工业开始蓬勃发展，中国经济也开始走进波澜壮阔的时期。

后来，出口业务发展的良好形势让大批出口企业高高兴兴地拿着美元回来了，一不小心，政府的外汇储备量就蹿上去了，存的钱多了，就开始琢磨着应该干点什么，把整体实力搞上去。首先想到的是高科技，可是有点本事的国家都不愿意把技术转移出去，谁知道你会不会研究透了把它给超越了，于是只好作罢。后来又想到了进口点商品，提高一下人民生活水平，可是几经思索又觉得不大好，国内的产业还没 有发展起来，国外的产品又便宜又好，对国内企业的冲击太大了。所以，到最后只能进口原材料，扩大产能，加大出口，以便获得更多的美元，换更多的人民币……以此循环，于是工厂越来越多，中国渐渐成为世界的加工厂。可生意却越来越难做了，毕竟欧美市场的容量就是那么大，而且金融危机之后又一下子缩小了那么多。再说，别的国家也不是没有劳动力，只不过人少点罢了。你一味便宜地出口，把你的货推销出去，不就是抢人家的饭碗吗？别看他们平时不出声，可真的金融危机来了，谁都坐不住了。而且国外都有工会，工会一组织，召集人马示威游行，甚至打个报告，政府都得注意一下。于是贸易制裁出现了，甚至动粗 直接烧了中国商品，两边闹得沸沸扬扬。

很多出口企业那时候心里都不是滋味。回头翻翻账本，估计也没赚多少，还交了不少税，再加上有些“税”还只能是记在自己看的账本上的。工厂是没法建了，拿着人民币做点别的吧，可是做什么呢？

2008 年全球性金融危机的爆发使得政府提出了一系列刺激经济的政策，房地产行业成为直接的受益者，借着大量信贷的涌入、刚性需求的爆发，中国房地产业从寒冬直接到了盛夏。于是，不管有钱的没钱的，都来炒房了。

本来经济发展，资产的价格就会随之升高，而房改又把大家逼得都去买房。没办法啊，没房拿什么结婚，拿什么安居乐业，所以闹得房价“居高不下”。如今政府也意识到必须调控一下房市了。

再来看看美国，金融危机一过，垮掉了那么多企业。奥巴马也是心急火燎，于是他找到了中国，说你们的商品价格太低了，工人的工资太低了。大家失业，都是你们低价竞争的结果。于是人民币必须升值。按道理说，人民币也是该升值一下了。可是政府回头看看，不行啊，国内那些搞企业的，当初只会原材料加工，那时人民币便宜，出口有价格优势，可是现在人家不同意了。本来指望着企业能越做越好，可是十几年过去了，还是老样子，技术含量与创新十分缓慢，模仿能力倒是增进了不少，“山寨”的

东西满天飞。

所以说，如果人民币大幅度升值，国内的出口企业很难说不会倒下一大片，于是，人民币能不升值就不升值，不是不想，是不能。后来，美国催了又催，中国还是无动于衷，后来没办法，美元只好自己贬值了。美元是国际货币，美元一贬值，好多大宗商品价格都上去了。于是，黄金、大豆、石油、铁矿石、有色金属等，在国际市场上也都涨了起来。这些原材料价格的上升，使得作为世界工厂的中国面临了巨大的压力。美元一贬值便泛滥起来了。资本都是逐利的，在美国国内没什么机会，就跑到中国一类的国家来了。于是中国的外汇储备又上去了，国外的热钱都进来了。

热钱就是游资，就是那些闻风而动、见利就图、到处逐利的国际资金。觉得哪儿好，有机会能赚到钱，就向哪儿去。它不是做实业投资的，只能是投机炒作。这样一来就难免会对经济造成推波助澜的虚假繁荣现象。它会在房地产市场、股票市场、债券市场以及其他市场不断寻找赚钱机会。最主要的是，大量热钱的涌入会加大外汇占款规模，影响货币政策正常操作，扰乱金融体系的正常运行，货币政策主动性不断下降，货币政策的效果也会大打折扣，最终增加了通货膨胀的压力。

身处大爆发阶段的中国经济，面对通货膨胀、物价飞涨，这是最艰苦的一仗。但我们必须打赢，打不赢，我们两代人辛辛苦苦的努力，我国 30 年改革开放的成果，很可能就会因为高通货膨胀而被一步步蚕食掉。

菲利普斯曲线——通胀率越高失业越少吗

自凯恩斯开始，保持物价稳定和充分就业，实现既无通货膨胀又无失业的境界，一直是西方各国的梦想。但可惜的是，无论经济学家如何煞费苦心，他们也没能帮助政府梦想成真：失业和通货膨胀依旧是不稳定。就像跷跷板一样，压下这端，另一端便翘得老高；压低那头，这头又居高不下。表明这种失业与通货膨胀交替关系的曲线就是菲利普斯曲线，而要完成这个梦想，其前提就是通货膨胀与失业人数“双低”。

菲利普斯曲线是由菲利普斯在1958年提出的。这条曲线表明：当失业率较低时，货币工资增长率就较高；反之，当失业率较高时，货币工资增长率就相对较低，甚至是负数。我们都知道，失业率高表明经济不景气，处于萧条阶段，这时物价与工资水平都较低，从而通货膨胀率也就低；反之，如果失业率低，表明经济处于繁荣增长阶段，这时物价与工资水平都较高，从而通货膨胀率也就较高。可见，失业率和通货膨胀率之间存在着反方向变动的交替关系。

那么，为什么通货膨胀与失业之间会存在此消彼长的关系呢？我们可以举个简单的例子来说明：假定我国劳动生产率每年可以递增2%，那么，当工人工资增加2%时，并不会使产品成本增加，也就不会致使物价上涨，即物价变动率为零。但当工资上涨超过2%以后，人们购买力增强，消费见长，就会引起物价相应的上涨。即如果工资增加3%，那物价就会上涨1%；工资增加4%，物价就会上涨2%。当然，工资的上涨就意味着对劳动力需求的增加，失业率减小，反之亦然。 由此可见，失业率与物价变动率之间有着此消彼长的“交替换位”关系。

对我国而言，菲利普斯曲线并不是规则的，我国经济并不能完全反映该效应。其原因有三点：一是市场经济条件不同于西方国家。传统菲利普斯曲线阐述的是西方市场经济条件下通货膨胀率与失业率之间的关系。我国仍处于经济转轨适应的过程中，价格、工资并不完全 由市场调节，尤其是国有企事业单位的工资浮动基本上还是由国家宏 观调控。二是工资、价格决策机制和主体不同。西方在价格、工资、就业方面，主要由微观决策机制所决定，厂商和工人都是市场经济主体，产品价格、工资大都是由厂商和工人根据市场预期和供求关系所决定。 而我国还不存在工联对劳动力供给垄断的势力。三是推动通货膨胀 上升的因素不同（主要有需求推动、结构性通货膨胀、进口成本推动、利润推动等）。经济全球化使得许多国家失业率的升幅已不能仅用工资成本推动通货膨胀高低的反向变动来解释了。我国通货膨胀虽然在某一程度上与工资成本上升有关，但近年由原材料、农副产品价格上涨、进口中间品成本上升引致的成本推动型通货膨胀，以及外汇储备增长过快引致的流动性过剩压力，构成了我国物价上涨的主要因素。

据统计，我国现有的就业条件每年只能提供 1100 万左右就业岗位，根本无法解决年均 2400 万人的就业问题。劳动力大面积供过于求，是长久以来的重大社会问题。如果采取提高通货膨胀率来降低失业率，使通货膨胀率的上涨幅度超过了工资的上涨幅度，后果将是抑制总需求，使我国转向以扩大内需为主导的经济发展战略难以实现，同时还会增加企业生产成本，从而减少投资和总供给，产生经济衰退的后果。目前的失业主要是产业结构调整过程中出现的结构性失业和摩擦性失业，以及国际贸易摩擦对我国出口行业就业的冲击所造成的，与通货膨胀并无多大关系。

第2章　拆掉思维里的墙

——21世纪你应该具备的经济学思维

垄断——为何钻石如此昂贵

什么是垄断？在网上有一个流传甚广的笑话：

一次，一位电信公司的领导去乡下看望自己的老友。下车后，他住进了镇上一家招待所。经过旅途的颠簸，这位领导已经“灰头土脸”，很想找个地方洗个热水澡，于是便来到了招待所的公用澡堂。谁知，他正准备进去，却被门口的服务生拦住了。服务生告诉他，洗澡可以，但要先交纳15元的淋浴喷头初装费。领导听后很奇怪，但不想滋事，于是便给了服务生15元钱。可当他想进去时，又被服务生拦住了，服务生对他说：“先生，为了便于管理，我们会为每只喷头配一个编号，这个号码只供您一个人使用，所以您还需要交纳5元的选号费。”领导听后，心里有些不高兴了，但碍于面子，他又交了5元钱，选了“6”号。服务生见后，又说：“您选的是个吉利号码，按规定您还得交8元的特别号码附加费。”领导压了压火，说：“那我改成4号。4号也不是什么吉利号码，总用不着交什么特别号码附加费了吧？”服务生说：“4号是普通号码，当然不用交特别附加费，但您得交5元的改号费。”领导怒气冲冲地交了钱，服务生接着又说：“我还得提醒您：由于4号喷头仅供您一人使用，所以不管您是否来洗澡，您每月还要交纳5元的月租费。每月交费的时间是20日之前，如果您逾期未交，还要交纳一定的滞纳金，如果您不再使用4号喷头了，那您还得交10元的销号费……”领导大怒，要求服务生找经理出来谈话。经理了解了事情的经过后，笑着对领导说：“先生，对不起，也许您还不知道，就像你们电信行业一样，洗澡业在我们这里是垄断经营的……”领导听完这句话，一句话都说不出来了。

听完这个故事，大家大致了解了“垄断”的含义。在欧美发达国家，“垄断”指少数大企业为了获得高额利润，通过相互协议或联合，对一个或几个部门商品的生产、销售和价格进行操纵和控制。由于垄断者是其所生产产品的唯一销售者，他们可以通过控制产品价格或者产量来最大化地实现自己的利益。

以钻石为例，为什么我们都觉得它比其他宝石稀有呢？钻石稀有的主要原因在于钻石开采公司——戴比尔斯控制了世界上绝大多数钻石矿脉，并且对一定时间内提供给市场的钻石数量加以限制，说白了，这便是一种垄断。

南非的戴比尔斯垄断组织由英国商人塞西尔·罗德斯于 19 世纪 80 年代创立。当时，世界的钻石主要是由南非的矿山供给，然而，存在许多互相竞争的采矿公司。在 19 世纪 80 年代，罗德斯买下了这些矿山的绝大部分，并把它们合并为一个公司——戴比尔斯。到了 1989 年，戴比尔斯控制了世界上几乎所有的钻石生产。这使钻石的价格始终维持在一个垄断的价格水平上。

通过上述例子我们可以看出，垄断势力有两个特点：第一个特点是无限的扩张企图，另外一个是攫取最大利益的冲动，两者相辅相成、互为因果。对于普通老百姓而言，我们并没有合适的方式去抵制这类事情，只能看着大大小小的垄断势力不断绑架市场。对此，我们完全可以用亚当·斯密的那一段颇为辛辣的描述来概括：“不论是在哪一种商品和制造业上，商人的利益在若干方面往往和公众利益不同……一般来说，在于欺骗公众，甚至在于压迫公众。事实上，公众亦常为他们所欺骗所压迫。”

兼并——吃“休克鱼”，不吃“死鱼”

北京时间 2010 年 3 月 28 日晚 9 时许，中国浙江吉利控股集团有限公司与美国福特汽车公司在瑞典哥德堡正式签署收购沃尔沃汽车公司的协议。吉利集团将以18亿美元收购沃尔沃轿车。这桩中国民营企业最大的跨国兼并事件终于尘埃落定。

关于兼并，我们可以套用一句俗话来解释：大鱼吃小鱼，小鱼吃虾米。但是，什么样的鱼该吃，什么样的鱼不该吃，是很有玄机的。

首先，我们来理解一下兼并的概念：通过产权的有偿转让，把其他企业并入本企业或企业集团中，使被兼并的企业失去法人资格或改变法人实体的经济行为。通常是指一家企业以现金、证券或其他形式购买取得其他企业的产权、使其他企业丧失法人资格或改变法人实体，并取得对这些企业决策控制权的经济行为。

市场经济条件下，企业兼并是风险很大的资本运作行为。从国际上讲，兼并分为三个阶段，当企业资本总量占主导地位、技术含量并不占优势的时候，是大鱼吃小鱼，大企业兼并小企业；当技术含量的效率已经超过资本运作的时候，是快鱼吃慢鱼，比如微软，建立的时间并不长，但它的技术始终保持在领先地位，所以能很快地超过一些同业中的老牌公司；到了现代经济社会，兼并已经是一种强强联合、鲨鱼吃鲨鱼的局面，美国波音公司和麦道之间的兼并就是这种情况。

国外成功的例子虽然经典，但在中国，因为社会背景不同，只能作为参考，所以，大鱼不能吃小鱼、慢鱼，更不能吃鲨鱼。在现行经济体制下活鱼是不可能吃到的，而另一部分即将倒闭的企业，我们称之为“死鱼”，也是绝对不能吃的，否则会连带母体企业出现问题，因此只能吃“休克鱼”。所谓“休克鱼”，就是指硬件条件、基础设施较好，但管理跟不上的企业。这样的企业，只是由于不善经营而落到市场的后面，而一旦有一套行之有效的管理制度，发掘市场，很快就能重新活起来。海尔集团在其高速扩张的进程中，之所以没有被兼并的企业拖累压垮，并且使被兼并的子公司重获生机，经济效益不断提升，其最主要原因就是充分地把握了吃“休克鱼”这一原则。

海尔集团先后通过控股联营、资产重组，兼并了18个亏损数额高达5.5

亿元的企业，以无形资产盘活了有形资产。它的整个兼并过程包括了三个阶段：第一阶段是 1988 ~ 1990 年，当时的青岛冰箱总厂兼并了处于困境之中的电镀厂，输入资金进行全盘更新，成立了一个新的微波电器厂；第二阶段是 1991 ~ 1995 年，青岛冰箱总厂在兼并了原青岛冷凝器厂、空调器厂后，投入资金、输入新的管理理念、扩大规模，提高水准，成立海尔集团公司。第三阶段是在 1993 年以后，海尔的兼并联合的步伐更大，特别是 1997 年，海尔有了全方位的行动。在这些兼并中，海尔选择的对象都不是什么优质企业。因为海尔看中的不是兼并对象现有的资产，而是潜在的市场活力、潜在的效益，如同在资本市场上买期权而不是买股票一样。

企业兼并是市场经济发展的必然产物，对社会经济发展具有重大的推动作用，它是企业成长的重要方法和途径。企业兼并的积极作用和消极作用都不容忽视。首先，从好的一方面来看，兼并有助于提高企业的国际竞争力，发展规模经济，是规模经济的催化剂。同时，通过扩大规模降低成本、提高生产效率，形成最佳企业规模，从而提高竞争能力。并且，通过兼并增强自己的实力，还可以创造进入新市场的机会，分担大规模研究与开发项目的财力耗费，分散风险，也有利 于克服企业危机。

但是，我们不能忽略的一点就是兼并是垄断滋生的温床，有碍于市场竞争。企业通过兼并占据市场统治地位，这样就缺少竞争压力而降低了资源配置效率。与此同时，垄断利润的形成也违反了市场经济的竞争性。同时，垄断也会使进入市场的限制程度增大，使新竞争者难以融入，抑制了潜在竞争的作用。

兼并，说到底是市场竞争的结果。海尔之所以能够在兼并中不断取得成功，实现低成本高速、高效地扩张，与海尔自身的实力和品牌优势都有着密不可分的关系。我们也可以从中得到几点启示：企业兼并，只有正确选择兼并目标，才能使之符合自己的战略要求。成功的企业家往往善于寻找被埋没的资产，并大胆实施兼并计划。

价值悖论——水和钻石的价值之谜

众所周知，水对于地球上的生物来说是多么重要，每个人的生命都离不开水。然而，水的价值却非常低廉。相比之下，集万般宠爱于一身的钻石的价格则高得离谱。按理说，钻石应是可有可无的东西，即使没有它，人类社会照旧可以发展下去。那为什么钻石会有这么高的价格呢？这是因为水的供给量远远大于需求量，而钻石是一种奢侈性消费，它在地球上的含量很少，开采难度又高，所以它的供给是十分困难的。这样一来，钻石价格高昂也就不足为奇了。

水和钻石这种强烈的反差构成了经济学中的“价值悖论”。价值悖论反映了商品的供给和需求原理。即当一个商品的供给小需求大的时候，这个商品的价值就高，反之亦然。

著名的作家、教育家叶圣陶先生曾写过一篇短篇小说，叫《多收了三五斗》。小说里面描述了一种“谷贱伤农”现象。按理说，农业丰收了，农民的收入应该更高些才对。结果，谷物产了很多，可农民的收入却大大减少了。为什么会有这种现象产生呢?

我们说，物品之所以成为商品，不一定在于它本身具有多大使用价值，而主要是看它是否存在一定的需求和供给。事例中的粮食属于缺乏弹性的商品。也就是说，它价格高，我们每天吃的是那么多，它价格低，我们每天吃的还是那么多。由于农业的整体丰收，造成了粮食产量增加，其供给量急剧上升，超过了人的需求量。这样一来，粮 食的价格就会下降。相反，假若粮食产量减少，满足不了人们的需求 量的话，粮价则会升高。中国有句话叫“物以稀为贵”，大致可以解释 这个道理。

现实中有许多例子可以体现价值悖论。据说，世间有两张清朝大龙邮票，各值 10 万元，善贾者必然撕毁一张，另一张就不止两枚之和的 20 万元，可能是 30 万元，40 万元或者更多。虽然这种毁灭文明的方式并不能称道，但市场上所谓的“限量版”、“珍藏版”等邮票以及纪念卡都反映了人为创造的稀缺性，也侧面反映了由于供给与需求之间的不对等而导致的价值悖论现象的出现。

用梵·高的画也可以解释价值悖论。梵·高的画，原来无人问津，现在却价值连城。为什么呢?从经济学角度看，因为梵·高以自杀的方式结束了自己年轻的生命，这也就意味着他的画作作为一种商品的供给就固定了，而需求相对来说确实无限大，这样必然导致这些作品价格的飙升，我们从某种意义上可以说是梵·高的自杀促成其作品的升值和备受追捧。在梵·高死后，他的一副作品《加歇医生像》竟以 8250 万美元的天价成交，创出当时艺术品拍卖的最高纪录。

毕加索也是世界上最著名的画家之一。与梵·高相似，毕加索早年的画家生涯是艰辛的。这位开创印象画派画风的伟大艺术家初到巴黎时处处碰壁，穷困潦倒。最后，毕加索想出了一个主意，他用自己仅存的 15 银币雇用了几个大学生，让他们每天去巴黎的各家画廊询问“请问这里有毕加索的画么”，而他自己却带着自己的画隐居起来。一个月过后，毕加索带着自己的画重出江湖，立即受到人们的追捧。毕加索的好运气完全是靠自己的努力得来的，他成功地创造了自己作 品的稀缺性，让大家竞相购买自己的画，进而一举成名。

以上这些事例，读者们一定遇到过很多。了解了这些，我们就可以用价值悖论解释生活中的常见现象：一种东西虽然使用价值大，但是却廉价；一种东西使用价值不大，但是却很昂贵。

使用价值——我们购买的究竟是什么

在中国国家博物馆里，陈列着这样一件馆藏文物，它的编号是国博收藏 092 号。见过这件文物的人都知道，它就是曾经轰动一时的“海尔铁锤”。那么，它为何会进入国家博物馆呢？这样一个看似平凡的铁锤背后又有着怎样不平凡的故事呢？

事情还要从 1985 年底说起。当时，青岛电冰箱总厂厂长张瑞敏收到一封客户来信，信中反映海尔电冰箱存在着严重的质量问题。张瑞敏立即带人去检查，结果发现，仓库里同一批次的 400 多台电冰箱中，竟然有 76 台不合格。于是，张瑞敏立即召集全体员工到仓库现场开会，询问大家如何处理这些质量不合格的电冰箱。当时，有大多数员工建议，把这些存在小故障的电冰箱作为福利，便宜卖给厂里的职工，以挽回企业的损失。可张瑞敏听后却说：“我要是允许把这 76 台电冰箱卖了，就等于允许你们明天再生产 760 台、7600 台这样不合格的电冰箱。放行这些有缺陷的产品，就谈不上质量意识。”随后，他命令大家——把这些不合格的电冰箱全部砸掉，并抡起大锤亲手砸毁了第一台。最后，很多员工含泪砸掉了自己生产的电冰箱。而张瑞敏手中的这把大锤也被收至国家博物馆里。

有人曾对此做过计算，那76台电冰箱，如果按出厂价计算，相当于全厂职工两年的工资。但在张瑞敏一声命令下，它们就变成了一堆废铁。张瑞敏为何要这样做呢？毫无疑问，张瑞敏非常重视产品质量，而这个质量指的就是商品的“使用价值”。它关系到一个企业的信誉和利益，所谓“质量是企业的生命线”，说的就是这个道理。

我们买粮食是为了吃，我们买衣服是为了穿，我们买花是为了观赏……在日常生活中，几乎每一种物品都具有一定的使用价值。倘若物品没有使用价值，就不会有人需要，即使人们在它身上耗费再多的劳动，这些劳动也不能形成价值。以前面提到的76台海尔电冰箱为例，它们是存在故障的，如果张瑞敏没有毁掉它们，而是将它们投放到市场上，那么当人们发现这些故障时，就不会去购买。这样，这种物品便无法进行交换，也就不再是商品，与废物毫无差别。

每个商品的使用价值都不一样，所以不能将它们放在一起比较大小。我们不可以说，是一根绣花针使用价值大，还是一列火车使用价值大，因为它们的用途是不一样的。你不可能用绣花针来运输，更不可能用火车来绣花。

既然商品必须具有使用价值，下面就让我们来进一步思考一下：商品的使用价值是人类所赋予它的吗？

不是。比如粮食，最初我们只认识到它能吃，那是不是它就没有别的用途呢？显然不是。粮食的用途是多方面的，既可食用，也可用来酿酒，还能制作工艺品，还能造纸、织布等。它的使用价值是与生俱来的，是由它的物理性质、化学性质、组织结构等决定的。所以，商品的使用价值是商品的自然属性。除了商品以外，其他非商品的劳动产品，有使用价值；与人有关的一些物品，也有使用价值，如阳光哺育万物成长，空气供人呼吸等。 很多人常把商品的价值和使用价值搞混，其实不难区别，举个简单的例子来说明。比如农民A生产了一堆黄瓜，这些黄瓜准备拿到市场去卖；而农民B也生产了一堆黄瓜，不过，他不是为了卖钱，而是供自己食用的。如果此时要你来答，农民 A 和农民 B，谁的黄瓜有使用价值，谁的黄瓜有价值，你会怎么说？答案其实很简单，它们都有使用价值。不过，B 与 A 相比则没有价值。因为价值是商品的本质属性，非商品是绝对没有价值的。

消费者剩余——小米手机带给我们什么

在南北朝时，有个叫吕僧珍的人，世代居住在广陵地区。吕僧珍为人正直，品德高尚，很有胆识和谋略，受到人们的尊敬和拥护，声名远扬。同时期有一个名叫宋季雅的官员，被朝廷罢免南郡太守后返回家乡。由于仰慕吕僧珍的品德，便买下吕僧珍宅屋旁的一幢普通的宅子，与吕为邻。一天，吕僧珍过来拜访这位新邻居，问宋季雅："你花多少钱买这幢宅子？"宋季雅回答："1100 金。"吕僧珍听了为之一惊："这么贵？"宋季雅笑着回答说："我用 100 金买房屋，用 1000 金买个好邻居。"

这就是后人所说的"千金买邻"的典故。每个人都不会花费超过市价 10 倍的价钱去买一栋房子，但是宋季雅却作出了这样的选择，并认为物有所值。因为这其中只有 100 金是房屋的真实价值，而 1000 金是专门用来"买邻居"的。也就是说，1100 金符合宋季雅的消费期待。在这个故事中，我们可以引出消费经济学中的一个概念，即消费者剩余。

消费者剩余是指消费者为取得一种商品所愿意支付的价格与他取得该商品而支付的实际价格之间的差额。这一概念是由著名经济学家马歇尔最先提出来的，他对其下了这样的定义：一个人对一物所付的价格，绝不会超过而且也很少达到他宁愿支付而不愿得不到此物的价格。

对于商家而言，要想让其商品具有更强的竞争力，应当从两方面入手：一是提高商品给消费者带来的"好处"，二是降低商品的价格。从客观和主观两方面入手，最理想的状态是消费者剩余为零时，定价达到最高值。

举例来说，比如目前市面上有无数人追捧小米手机，虽然在创新和操作体验方面，小米不及 iPhone，但后者的价格相比非常高昂，使很多消费者望洋兴叹。而小米手机配置颇高、品牌服务有保障、价格厚道，是当前性价比最高的手机。较大的“好处”，以及较便宜的价格，使得小米手机的消费者剩余是目前各款手机中最突出的。消费者剩余的最大化，使得小米成为当前最为炙手可热的一款手机，因此一炮而红。

消费者剩余可能为正数，也可能为负数。我们举一个消费者剩余为正的情况。假设有一台电脑，富人甲愿意出 8000 元的价格买 ，工薪阶层乙愿意出 7000 元 ，学生丙只愿意出 6500 元。假如现在由 3 位买者竞价，最后的胜出者肯定是甲，当他以 7500 元买到这台电脑的时候，他的额外收益是多少呢？比起他愿意出的 8000 元来，他还得到了 500 元的“消费者剩余”。假如现在有 3 台电脑出售，为了使事情简单化，统一以 6500 元

的相同价格卖出，结果会是怎样的呢？

我们可以发现，除了丙没有得到消费者剩余之外，其他两个人都不同程度地得了消费者剩余。最多的是甲，他获得了 1500 元的消费者剩余，乙获得了 500 元的消费者剩余，丙虽然没有获得消费者剩余，也并没有觉得自己吃亏，因为他没有以高于自己愿意支付的价格去买。

懂得了消费者剩余理论，可以帮助我们在生活中获得更多的实惠。就像和商家讨价还价一样，一般来说顾客的需求价格一定会比商家给出的价格低。比如你在逛街的时候看中一条裙子，商家给的价格是 160 元，而你所能承受的只是 100 元，那么，现在你就要想想怎样把消费者剩余拉到最高，也就是怎么能把商家的价格给降下来。

一般来说，消费者在买东西时对所购买的物品都有一种主观评价。这种主观评价表现为消费者愿意为这件物品所支付的最高价格，即需求价格，就如上文中 100 元是裙子的价格底线。而决定需求价格的主要有两个因素：一是消费者满足程度的高低，即效用的大小；二是与其他同类物品所带来的效用和价格的比较。

在日常生活中，消费者剩余可以帮助我们衡量购买物品时所得到的经济实惠的大小。一种物品给消费者带来的消费者剩余越大，即市场价格越低于消费者愿意出的最高价格，消费者就越愿意买；反之，如果市场价格高于消费者愿意出的最高价格，即价格底线，那么消费者就会认为购买该物品物非所值，或者说消费者剩余为负数，那消费者通常情况下就不会购买了。

供需关系——日本地震，人们为何要抢盐

西晋太康年间有位很有名的文学家左思。左思小的时候，他父亲觉得他没出息，常常在外面对别人说后悔生了这个儿子。等到左思成年之后，他父亲还常对朋友们说：“左思虽然已经成年了，可是他懂得的道理和知识还不及我小时候呢。”左思不甘心受到这种鄙视，于是开始发愤学习。

此后，经过长时间准备，他依据史实写出了一部《三都赋》，把三国时魏都邺城、蜀都成都、吴都南京写入赋中。当时人们都认为其水平已经超过了汉朝班固所撰写的《两都赋》和张衡的《两京赋》。一时间，竟在京城洛阳广为流传，人们纷纷称赞，竞相传抄，一下子使纸贵了好几倍。原来每刀一千文的纸涨到了两千文、三千文，后来竟然倾销一空。不少人只好到外地买纸，来抄写这篇千古名赋。这便是我们今天所说的“洛阳纸贵”，这里面也涉及一个经济学名词，即“供求关系”。供求关系，是指在商品经济条件下，商品供给和需求之间的相互联系、相互制约的关系，它是生产和消费之间的关系在市场上的反映。

一般来说，当供大于求时，市场价格低于正常价格；当供不应求时，市场价格高于正常价格，当供需平衡时，市场价格也就是正常价格。正如鲁迅先生在《藤野先生》一文中有这样的句子：“北京的白菜运往浙江，便用红头绳系住菜根，倒挂在水果店头，尊为‘胶菜’；福建野生着的芦荟，一到北京就请进温室，且美其名曰‘龙舌兰’。”可见，由于供需不平衡，白菜在浙江能卖出好价钱，而芦荟在北京也同样是价高一筹。

2011 年日本发生了 9.0 级地震，由于地震强烈，日本许多核电站出现异常，有的还发生了泄漏。很多人担心日本核电站泄漏对人体有影响，或则担心海水被放射性物质污染，没法再提炼盐，他们听说食用碘盐可防核

辐射，因此一哄而上，开始购买食盐，以致市场、超市、商店中的食用盐都出现了脱销现象。为什么会发生这样的事？主要是因为突如其来的“核辐射”造成消费者的恐慌心理，使得人们对这些物品的需求剧增。这种行为固然可笑，却也表现出了供求关系对市场的作用。

供给和需求是市场经济运行的力量，没有供给的商品也就没有意义。比如说“空中楼阁”，多少人幻想着要拥有，但却是不现实的，所以也就没有价值可言，从而也就没有与之相应的价格。同样的道理，没有需求的东西也无法称之为商品，因为根本没有人愿意出钱去买它。所以说，“需求”和“供给”这两个因素决定了商品的价格，之前我们说的“洛阳纸贵”，也正是因为需求上升，而供给没有得到有效上升，因而价格上涨。

沉没成本——不为打碎的瓷碗哭泣

假如你花了50元买了一张电影票，但是影片的内容却糟糕透了。这时，你是应该继续留下来，还是起身离开电影院呢？当你做这个决定时，你就应该忽视那50元。因为这时它已经是“沉没成本”了，无论你是否离开电影院，钱都不会再回来了。

“沉没成本”是经济学中一个很常用的名词。它的意思简单来说就是已经花掉了的、无论如何也无法挽回的成本。

下面举一个经典的例子，来帮助我们进一步认识“沉没成本”的内在含义。有一个老人，特别喜欢收集各种古董，一旦遇到自己喜欢的古董，无论花费多少钱都要想方设法地买下来。这一天，他在古玩市场上发现了一件做工精致的明代瓷碗，出了很高的价钱才把它买回来。他把这个心肝宝贝绑在自行车后座上，美滋滋地骑车回家。谁知道路中间有一块石头，老人躲闪不及轧了过去，由于颠簸得太厉害，突然听到“咣当”一声，瓷碗从自行车后座上掉落下来，摔得粉碎。可是，这位老人听到清脆的撞击声后，居然连头也没回仍继续向前骑。这时，路旁有位热心人对他大声喊道 :“老大爷，您的瓷碗摔碎了！”老人仍然是头也不回地说 :“碎了吗?嗯，听声音一定是摔得粉碎，那也没办法了！”不一会儿，老人的背影就消失在了茫茫人海中。

试想一下，如果这种事情放到别人的身上又会是怎样呢？绝大部分人都会从自行车上跳下来，然后对着化为碎片的瓷碗捶胸顿足，扼腕惋惜，会心疼后悔好一阵子，这也就掉入了“沉没成本”的陷阱。因为瓷碗已经碎了，你再做任何努力都于事无补了。所以，在这个时候，我们只有果断地舍弃“沉没成本”才是明智的。倘若因为已经无法挽回的损失而使我们自身或是之后的决策受到影响，那只会损失得更多。

“沉没成本”在市场经济中也非常普遍。如果在银行的业务中出现，经常会引起严重的后果。例如，当一个贷款企业陷入困境时，信贷员通常会不顾该企业在未来前景发展中存在的问题，而继续为该企业提供贷款，

期望它能够获得喘息的机会，重新恢复往日生机，以便有能力偿还银行的钱，不影响银行的利益。但结果往往事与愿违，企业还是无法从危机中摆脱出来。更为糟糕的是“沉没成本”问题经常会引起恶性循环：银行继续信贷，企业依旧失败。最终以企业宣布破产，银行巨额资金回收无望为结果。

其实，大多数决策者都难以摆脱上一次的决策失误所带来的心理阴影，包括银行的信贷员，都会执意在“原方向”上再次尝试，以证实前一个决策并没失败。

或许换做是我们，也会和他做出同样的选择，没有勇气舍弃已经适应的工作。其实，对于年轻人来说，最该拥有的就是当断则断的魄力。既然“沉没成本”已经出现，那么，当务之急就是舍弃。只有舍弃了一个没有希望的过去，才能争取到一个充满希望的未来。如果急于翻本，急于求成，只可能会遭受更大的损失，越急越坏，越坏越急，就像赌徒们一样，哪一个不是因为想赢回已经失去的利益而越陷越深的呢。所以，在我们遭遇“沉没成本”时，要从所经历的失败、所走的弯路和所遭遇的打击中吸取教训，调整航向，重新做出正确的选择。

稀缺性——为什么钻石比水贵

在经济学里，有一个很古老的故事——为什么钻石比水贵？按照作用来说，钻石永远无法和水相比，水是人类的生命之源，离开了水人就无法生存，但是离开了钻石，人们的生活几乎不会出现任何困难。对此，经济学的开山鼻祖亚当·斯密巧妙地回答了这个问题。因为稀缺性，物以稀为贵，由于钻石很稀少，人们为了获得稀少的钻石便会愿意出高价钱，可是对于水，到处都是，很轻易就可以得到，自然也就不值钱了。

其实具有稀缺性的不仅仅是钻石，只要是人们想得到供应却有限的物品都是具有稀缺性的。就像是每个女孩子都会做白雪公主的梦，然而传说里的白马王子却迟迟不出现，于是，她们不禁会想为什么我没有白马王子？答案是这个世界上并不缺少灰姑娘，缺少的只是王子，即王子具有稀缺性。

资源的稀缺性是指相对于人们无穷多样的需要，资源总是不够的。学习经济学首先就必须要承认资源的稀缺性。因为如果资源是足够的，那就不需要选择了，也不必考虑成本，那经济学也就不会有存在和发展的必要了。资源是有限的，可人的需求却是无限的，满足了低层次的需要，就会有中层次的需求，满足了中层次的需求，就会有高层次的需要。如 20 世纪 80 年代初，我们追求的仅是饱暖，90 年代初我们还需要家电，到了 90 年代末我们开始需要电子通讯，直到现在我们已经向往着住房与汽车了，这样下去，20 年后我们考虑私人飞机的需求也不是没有可能的。我们需求的层次总是在不断地升级，因此，承认资源的稀缺性就显得尤为重要。马尔萨斯正是认识到了这一点，所以发表了悲观的《人口论》，马寅初也正是看到了中国资源的稀缺，所以第一时间提出了控制人口的理论。现实已经证明了他们都是对的，我们对中国国情的认识也从当初片面强调“地大物博、资源丰富”转变为现在的“人口多、底子薄，人均耕地少”，这正是我们在思想上意识到资源稀缺性的过程。

中国国有企业改革为什么会步履维艰、进展缓慢？最重要的一个原因就是没有“硬性的”预算约束，资源不够就向政府伸手要。政府在就业、税收和稳定的压力下，只好一次次的“借用”银行资金注入。试想在没有资源约束的情况下，管理层哪里有动力去压缩成本、开拓市场、革新技术呢。技术没有创新，产品没有市场，管理没有效率，唯一有的就只剩银行的呆账和坏账了。

试想一下，如果企业有压力，对资源使用有硬性约束，明白资源的稀缺性，那结果会不会更尽如人意一些呢？中国有句古话叫“家贫出孝子”，这就是资源稀缺性的结果。因为家贫，能够提供给孩子的物质是稀缺的。在这种资源的约束下，孩子从小就得学会“计算着过日子”，从小就得考虑哪些是当前最需要的，哪些是暂时还不需要解决的。因为来之不易，就会格外珍惜，格外感激。因此长大了之后，就明白了要报恩，要回报父母。

再来说说北京的交通，由于车太多，拥堵现象较为严重，特别是上班的高峰时间，车速很慢，甚至堵塞，于是有很多司机就骂政府，说为什么不扩道，为什么不整治交通枢纽，为什么不修路。很多时候，有些人都是嫌这嫌那的，认为这也没干好，那也没干好，仿佛要是自己做，就一定能做好。其实，真让他做他也做不好，因为他是站在局外看局内，不知道局内的资源约束和稀缺性。

名声也具有稀缺性，在芸芸众生之中，能够崭露头角并不是一件容易的事。一些别有用心的人想出了千奇百怪的方法来出名，当然，绝大多数无非都是为了利益。在现今，出名其实只分为两种：美名与丑名。这两种却都能为主角带来财富，可美名并不是那么容易得到，于是更多的人选择丑名这个虽然卑微但却十分快速有效的方式。

可以说在任何一个时间点上，资源都是有稀缺性的，资源的供给与人们的需求是相互矛盾的，面对人们无尽的欲望，再多的资源也是稀缺的。但也正是因为资源的这一特性，才有经济学存在的价值，才需要经济学研究如何最有效地配置资源，使人类的福利最大化。

公地悲剧——谁制造了悲剧

一群牧民在公共牧场上放牧，一个牧民为了多赚些利润，便想多养一只羊。因为对他来说，增加一只羊是有利的，而草场退化的代价是可以大家负担的，于是他增加了一只羊。当然，聪明的不只他一个，就这样，牧场上的羊越来越多了。结果牧草越来越少，泥土大量裸露于表面，羊群的数量开始大量减少，所有“聪明”人都受到严重损失。这就是所谓的“公地悲剧”。

公地作为一项资源或财产有许多拥有者，他们中的每一个人都有使用权，但没有权力阻止其他人使用，从而造成资源过度使用和枯竭。过度砍伐森林、开采煤矿、捕捞渔业资源都是“公地悲剧”的典型例子。我们之所以称之为悲剧，是因为每个当事人都知道资源由于过度使用必定会枯竭，但每个人对阻止事态的恶化都感到无能为力，同时，还都抱着“及时捞一把”的心态从而加剧了事态的恶化。因此，公共物品因为产权难以界定而被竞争性地过度使用或侵占是必然的结果。

可以说，悲剧的产生在于每一个人都陷入了一个体系不能自拔，这个体系迫使着每个人都在有限的世界里无限地增加着自己对资源的使用程度，因此，毁灭就成为大家不能逃脱的命运。

官船是最破的，公共场所的卫生是最令人头疼的，城市公用设备是最容易受损的，国有企业的亏损也是最为严重的……对公共物品而言，你若从中获益，他人也会，于是每个人都无所顾忌，最后损失的便是大家的利益，最终酿成“公地悲剧”。

我国目前乱挖滥采的小煤窑，可以说是对资源最严重的浪费。山西的煤老板为了一己私利，毫无节制、昼夜不分地采伐，这种混乱局面如果不及时加以制止，其后果对于中国来说远比公海捕鱼要严重得多，长此以往，能源问题所带来的危害将是无法挽救的。人们对资源这样不顾后果地开发不亚于当初人民公社时期家家户户养牲畜，然后故意将其放到生产队里的麦田里去吃麦苗，结果就是“吃在外，省在家，卖的钱，自己花”。其实，在世界各国，几乎每个历史时期都出现过一定程度的“公地悲剧”。

再回到我们前文所提的那个例子来看，公地悲剧出现的原因，自然是过度放牧。草吃干净了，连草根都没有了，最后的结果就是土地的荒漠化。要避免草场的破坏，就需要所有放牧人提高集体认识，保护生态平衡，但可悲的是没有一个家庭愿意为了共有草场的茂盛而主动减少自己羊群的规模。正如没有一个小煤窑的老板为了保护国家的煤炭资源而主动减少煤炭开采一样。实际上，公地悲剧产生的原因就在于它自身使用的负外部性。当私人的羊群在共有土地上吃草，便降低了其他人可以得到的土地质量。公共草地放牧、煤炭资源开发具有相同的性质，那就是当一个人享用公共资源时，便减少了其他人对这种资源的享用。由于这种负外部性，公共资源往往都会被过度使用。要想解决这样的问题，主要有两种途径：一是把共有资源变成私人物品，二是政府管制。

公地悲剧展现的是一幅私人享用免费午餐时的狼狈景象，即无休止地掠夺。勤劳的人们为了个人的生计而忙碌，在忽视长期利益的算计后，开始为眼前的利益而“杀鸡取卵”。没有节制，没有产权制度，最终导致公共财产无法估量的损失，以及资源的衰竭。

再举一个比较典型的例子。为了改善环境，阻止气候变暖，2009 年 12 月 7 日举行了哥本哈根联合国气候变化会议。此次哥本哈根会议被人们极为悲情地称为“人类拯救地球最后的机会”。此次会议的初衷是期望所有国家和地区共同秉持对人类长远发展高度负责的精神，共同承担起积极改善和减缓气候变化的责任与义务。然而，却出现了某些国家的推诿扯皮，顾己不顾人，无休止的巧言令色和严以律人、宽以律己的局面，再一次反映出人类的自私与道德的偏颇，也再次验证了亚里士多德的结论：“由最多数人共享的事物，却只能得到最少的照顾。”不负责任的推诿将导致所有个体赖以生存的环境崩塌，自私的所谓“理性”，只能把局面推向无法挽救的毁灭。

为一己私利，置公共利益于不顾，最后只能是害人又害己。道理人人都懂，却不见得人人都能约束自己。毕竟有些便宜太容易占，让人不能不伸手。

外部性——一物对外界的影响

我们把一个人的行为对旁观者福利的影响称为外部性。如果这个影响对旁观者是有利的，就称为“正外部性”（或外部经济）；如果这个影响对旁观者是不利的，就称为“负外部性”（或外部不经济）。

举个例子来讲，前人栽树后人乘凉，方便于他人，即是一种正的外部性；竭泽而渔，不顾子孙后代，则是一种负的外部性。最典型的例子就是教育，教育被人们认为是具有正外部性的。虽然教育的受益者是被教育的个人，但社会作为一个整体，也会因为个人有教养而整体受益，就像是社会生产率和政治参与率的提高。也正是因为外部性的存在，使得政府有充足的理由资助、补贴、发展教育事业。

负外部性的最典型例子就是污染。假如：一家企业肆意排放废气废水，那它将给下游或下风向的居民或是企业造成危害，包括疾病的发生以及生产率下降。如果政府不及时进行干预的话，必定会给人们的财产及生命安全造成难以估量的损失。汽车的废气，也同样具有负外部性，因为它产生了人们不得不吸入的有害烟雾。对此，国家通过制定汽车的排放废气标准，对汽油征税以减少人们开车的次数等措施，来控制这个现象。

外部性拿到生产中来说，又可以分为生产的外部性与消费的外部性两种。在我们细化之后，还可以从以下不同角度来分析外部性。消费者对生产者的外部经济，如居住环境的改善大大地增加了生产性投资；消费者对消费者的外部经济，如私人花园对过路人赏心悦目的影响；生产者对生产者的外部经济，如果园园主与养蜂场场主的关系，果园的鲜花为蜜蜂提供了花蜜；生产者对消费者的外部经济，如花园式厂房使附近居民心旷神怡；消费者对生产者的外部不经济，如音响的噪声对隔壁作家写作所带来的影响；消费者对消费者的外部不经济，如公交车上大声喧哗对其他乘客的影响；生产者对生产者的外部不经济，如上游的化工厂对下游渔场的污染；生产者对消费者的外部不经济，如建筑施工对附近居民的影响。

可见，外部性的影响也是有好坏之分的。但总体来说，还是弊大于利的。因为外部性扭曲了市场主体成本与收益之间的关系，很可能导致市场无效率甚至失灵。同时，外部性的存在还会造成社会脱离最有效的生产状态，使市场经济体制不能充分实现优化资源配置的基本功能。如果负外部性不能够被有效遏制，经济发展所依赖的自然环境资源将会不可避免地受到破坏，最终阻止了经济前行的脚步。

经济学家哈丁曾提出警告，如果个人不把自己的行为对他人的损害考虑在内，即负外部性，那么将会带来潜在的灾难。现今，人们已经越来越意识到这种行为在国内乃至国际上的影响。臭氧层破坏、酸雨、河流盐度增高、砍伐森林和其他环境效应都将产生长期的影响，人们对自己曾经的行为开始反思，并试图找到解决问题的方式。然而，如何解决外部性的问题并没有完美的答案，我们现在能做的只能是兼顾效率与公平，既分析政府干预的收益与成本，又要考虑谁收益与谁受损的价值问题。

如果我们总结一下，把这个解决方法扩展开来说，主要有两个思路：一是政府干预，二是明确产权。

政府干预，就是补贴与征税。即对负的外部性征税，正的外部性给予补贴。征税可以有效地抑制产生负的外部性的经济活动；补贴可以鼓励产生正的外部性的经济活动。当然，政府也可以自己进行正外部性建设，如建造公园与建设国防，都是由政府来完成的。

明确产权，即通过制度来安排经济活动所产生的社会收益或社会成本，在某种程度上强制实现原来并不存在的货币转让。

经济的外部性问题与我们每一个人息息相关。关注经济的外部性，维护市场经济的公平与效率，是政府重要的职责所在。总而言之，经济的外部性问题如果得不到解决，科学发展观就不能得到最终落实。

羊群效应——“随大溜”是明智还是愚蠢

心理学家曾做过一个实验：在一群羊前面横放一根木棍，第一只羊跳了过去，第二只、第三只也会跟着跳过去；这时，把那根棍子撤走，后面的羊，走到这个位置，仍然会像前面的羊一样向上跳一下，尽管拦路的棍子已经不在了。这就是所谓的“羊群效应”，也称“从众心理”。而在社会生活中，它是指由于对信息了解不充分，投资者很难对市场未来的不确定性做出合理的预期，而往往是通过观察周围人群的行为提取信息，在这种信息的不断传递中，许多人的信息将大致相同且彼此强化，从而产生的一种从众行为。

在资本市场上，“羊群效应”指的是一个投资群体中，单独投资者总是尾随其他同类投资者的行动而采取行动，在别人买入时买入，在别人卖出时卖出。导致出现“羊群效应”的因素比较复杂，简单地说，就像一些投资者可能会认为同一群体中的其他人更具有信息分析上的优势。例如，当资产价格突然大幅度下跌造成亏损时，为了遵守交易规则的限制或是满足追加保证金的要求，投资者不得不将其资产割肉卖出。在目前人们普遍热衷于股票的情况下，个人投资者能量迅速激增，非常容易形成趋同性的羊群效应，追涨时蜂拥而至，大盘跳水时，恐慌心理开始产生连锁反应，纷纷惊慌出逃，由此使得量能大幅放大。这种情况也极其容易将股票杀在地板价上。这就是为什么牛市中股票涨得慢、跌得快，而杀跌时却总是一步到位的根本原因。我们应该牢记，在股市中，应该坚持自己的眼光，多用心去收集资料分析，不要人云亦云，避免“羊群效应”。

竞争越是激烈的行业就越容易产生“羊群效应”，就像如果一个公司做什么生意赚钱了，那么马上会有一群企业蜂拥而至上马这个行当，直到

行业供大于求，生产能力饱和，最后使得这个行业越来越难做，大家才集体撤。所以说，我们应避免一举一动都摹仿领头羊，因为这样难免会缺乏长远的战略眼光。

当然，对于职场中的个人而言，“羊群效应”也是经常发生的。比如做 IT 赚钱，大家都想去做 IT；做房地产赚钱，大家也都一拥而上去买地皮；大家觉得嘴里常蹦出英文的白领看上去风光，于是都去学英语；大学生觉得公务员工作稳定，收入也不错，于是毕业都去考公务员……

再举个例子来说，20 世纪 90 年代，网络经济一路繁荣，“.Com”公司遍地都是，所有投资家都在想尽办法地卖概念，IT 业的 CEO 们在互相比着烧钱，烧多少，股票就能涨上来多少，于是，越来越多的人蹚进了这滩浑水。直到 2001 年，泡沫经济破裂，浮华一去不复返，大家这才发现在热情高涨的市场氛围下，获利的仅仅是领头羊，跟风的都成了牺牲品。而在这其中，传媒也充当了“羊群效应”的煽动者，一条传闻经过报纸报道就会成为事实，一个观点借助电视公布就能变成民意。

但我们要明白的是我们不是羊，我们要用心去思考、去衡量分析自己。只有寻找真正适合自己的工作，而不是所谓的“热门”工作，才有取得成功的可能。“热门”的职业不一定适合我们，一味地跟风，结果只能是失败。

再拿楼市来说，开发商深谙“羊群效应”推动房价之道。比如开发商会在开盘前雇人排队伪装买房；有的开发商还故意“捂盘”囤积楼盘，制造市场供不应求的假象；还有的开发商通过各类宣传单、虚假广告等不透明信息，发布预期上涨的谣言……

这些开发商们刻意制造紧张气氛，在消费者中传递房价即将上涨的信息，促使他们在“羊群效应”作用下出手买进，就这样消费者的群体性购买行为加上开发商顺势的涨价行为，又进一步加剧了还在犹豫者的“不买还要涨”的恐慌心理。随后，人们不愿看到的事发生了：房价开始不断飙升。

其实，所有“羊群效应”的发生都是信息的不完整性和不对称性造成的，进而影响了市场的人气。就现在的形式来看，由于开发商们掌控了房价、房源、销售进程等对购买行为产生决定性影响的信息，很容易制造紧张氛围，操纵市场，使得购买者形成“羊群效应”。

名人效应——借助实力人物一呼百应

一个出版商手里有一批书籍，滞销已久不能脱手。一天，他灵机一动想出了一个主意。他拿着一本想要送给总统的书，软缠硬磨地征求意见。忙于政务的总统实在不愿与他纠缠，便回了一句：“这本书不错。”

出版商喜出望外，回去之后便大做广告：“现有总统喜爱的书籍出售！”果然，这些书籍很快被一抢而空。不久，出版商又有一批书卖不出去了。于是，这位出版商又拿着一本书去找总统。上了一回当的总统想奚落他，便对他说："这本书实在糟糕透了！"出版商脑子一转，马上又做起了广告："现有总统先生讨厌的书籍出售！"同样，又有很多人争相购买。

当出版商第三次将书籍拿给总统时，总统吸取了前两次的教训，为了不再给这个狡猾的商人任何机会，总统拒绝对这本书籍做出任何评价。不料出版商同样以此大做广告："一本令总统先生难以下结论的书，难道你不好奇吗？"就这样该书居然又是大卖。令总统哭笑不得，而出版商在套用总统之名后大发其财。

我们由上面的这则故事，可以看出这位精明的出版商正是巧用名人的声望，加以炒作来吸引消费者，才使得本来滞销的书籍销售一空的。这里面所暗含的便是"名人效应"了。名人效应，是指名人的出现所达成的引人注意、强化事物、扩大影响的效应，或人们模仿名人的心理现象的统称。名人效应存在于我们生活中的各个方面，比如名人代言广告能够更加吸引消费者，名人出席慈善活动能够带动社会关怀弱者的力度加大等。

举个例子来说，我们都知道专家门诊要比普通的门诊火爆得多，人们无论大病小病都喜欢找专家治疗。其实，这种找名医治病的心理，也是名人效应的一种。

我国明代名医李时珍成名之后，求医者甚多。有很多病人都已经请别的大夫看过了，但还是不放心，还要请他再看看。一天，一个腹泻的病人请李时珍看病，说是请人看过了，但是见效不明显。李时珍给他把过脉，告诉病人他的病基本上已经痊愈了，只要休息几天恢复下体力就没问题了。但病人仍坚持要他开药，于是，李时珍在路边随手拔了几株草，让病人用水煎服。这个病人服了所谓的"药"之后，很快便痊愈了。原来，此人的病已是强弩之末，李时珍随手拔的草根本没有药性，只不过是让他心里踏实罢了。

还有一次，李时珍路过某个小镇，镇上的一位大财主拿出了几天前一个郎中开出的药方说："这药我吃了一点都不见效。"李时珍看了药方上开的是"四君子汤"，即人参、白术、茯苓、甘草四味。李时珍又给财主把了把脉，发现他气虚胃寒，服“四君子汤”刚刚好。于是，他沉思片刻，摊开笔墨，替财主另外开了一张药方，也是四味中药：鬼益、松腴、杨木包、国老。李时珍让病人按此药方连服一个月。财主见这是张新的药方，心中不由高兴，连服了三十天，果然药到病除。不久，财主登门道谢：“还是你的医术高明啊！”李时珍笑道：“你的药没变过，还是四君子汤啊。人参的别名叫鬼益，松腴正是茯苓，国老跟甘草是同一味药，杨木包也就是白术。”

在这件事中，李时珍正是利用自身的名人效应，来安抚病人的情绪，使他们产生一种良性的自我暗示，达到事半功倍的效果。可见，名人效应的影响是多么强大。

当然，名人效应也不是每次都会有效的。要知道，在现今的社会中，“名人”只是产品与客户群之间的桥梁，只有产品与顾客之间有着共通点，二者能够有机结合起来，才能使消费者真正受到“名人效应”的影响。就像现在的房地产行业，特别喜欢请名人来代言。东方银座请来莫文蔚、星河城请了葛优、王璐瑶、罗大佑、崔健、陈琳等众多名人的足迹遍布北京大小的楼盘，上演了一出出明星亮相会。此举在市场着实火了一阵，但可惜的是，明星亮相之后往往其热度都会骤减，仿如流星，转瞬即逝。可以说，这样的“名人效应”很难长期支撑一个项目的营销。美国前总统克林顿就曾以 1 个小时 200 万人民币的天价在深圳楼市走了一次秀，可谓是登峰造极了。然而，销售的结果实在是不尽如人意。

房子对于现在的人们来说，绝不是件小事。毕竟房地产不同于化妆品、保健品、普通消费类产品。后者属于更新换代较为频繁的消费品，受顾客的心理影响比较大，顾客也比较容易被说服。所以说，想要好的业绩，光靠“名人效应”是不够的，还要有货真价实的好产品。

其实，在现在的经济社会中，名人本身并不能为企业创造出什么价值。它给企业带来的也只是在公众的心中形成一种影响力，以期待产生“示范效应”，最终效果如何还是要看产品本身，毕竟，现在的消费者越来越理性。

因此，我们说，名人效应对于企业而言，并不是万能的，也不是一劳永逸的，只有做得出好的产品，才是企业成功的关键。

霍布森选择——跳出定势思维的陷阱

思维僵化，当然不会有创新，所以定势思维是一个陷阱，让人们在进行唯一选择的过程中自我陶醉而丧失创新的时机和动力。我们要实现目标，就要跳出定式思维的陷阱。

1631 年，英国剑桥有个商人叫霍布森，专门从事贩马生意。他在卖马时总是向别人承诺：我的马是最好的，也是最便宜的。只要付出少量的筹码，不管哪一匹，或买或租都任你选择。不过当他把马放出来供买马人选择时，却又额外附加了一个条件：只允许挑选门外的马。其实这是个陷阱，因为他的马圈只开了个小小的门，高大威武的马根本就放不出来，能放出来的只能是矮马、瘦马、小马，任你选来选去，都不会得到满意的结果。后来人们在决策中就把这种没有选择余地的所谓“选择”戏称为“霍布森选择”。

霍布森选择显然是一个假选择，因为它可供人们选择的内容都是大同小异的。霍布森先给人们展现了一个诱人的陷阱，让人们被低廉的价格所迷惑，然后纷纷跑到他这里来选马，但是因为马圈的门口太小，人们所选到的马都不是什么好马，或是要花大价钱才能买到自己相中的马。这样的选择,显然已经落入了“霍布森选择”的圈套。这也验证了市场经济中“买的没有卖的精”的不变定律。

霍布森选择一直在我们的生活中存在着。虽然在理论上我们有许多的选择，然而现实中某些限制条件的存在，缩小了我们的选择范围，甚至只允许我们有一种选择。就像在资本主义国家的选举中，虽然会有各个不同的党派参加角逐，每个公民也都可以自行投票，可实质上，不管哪个党派所代表的都是资本家的利益，其本质都是富人们所操纵的形式主义。因为范围的限定，不管你选择哪个党派当政，其结果都不会有太大的差异。这显然是一个政治上的霍布森选择的陷阱。在经济上，霍布森选择的陷阱也极为常见，像商家返券促销之类的活动，所返回来的代金券都是受限制的，因为总有一些品牌是不参加活动 的，即使参加活动，刚上市的新款商品也是限制使用代金券的。

再举个例子，对于一个大学生来说，他毕业后可以选择出国镀金，也可以选择留在国内继续读研，还可以选择自己投资创业……表面上看上去有很多选择，但是由于“囊中羞涩”，以上选择事实上都是无法实现的，所以，他只能出去找工作。再从另一个角度来说，目前社会上以学历为光环的风气以及父母对孩子进一步深造的期望，都让他们不得不选择考研，这也是残酷的现实竞争给选择套上的无形枷锁。又比如，在一个风和日丽的周末，你本想在家里看看书，打打游戏，可是女友的一通让你陪她逛街或是去看电影的电话就使你的这些计划化为泡影。虽然你可以在逛街和看电影中选择，但是这两项其实都并非你所愿，于是，这又陷入了一个霍布森选择之中。

可见，无论是政治上、经济上还是生活中，自由都是相对的，这一点毋庸置疑。有这样一则格言：“当看上去只有一条路可走时，这条路往往是错误的。”在我们的生活中，一旦选择目标与选择的限制相冲突，很可能就会出现“霍布森选择”的尴尬局面。那么，如何避免落入“霍布森选择”决策陷阱呢？这就要求我们要利用创造性的思维巧妙地跳开模式化的行为习惯。

从前，伦敦有位商人欠下了一笔巨款。债主上门要债，看上了商人青春美丽的女儿，便要商人用女儿来抵债。

商人和女儿听到这个提议后都十分恐慌，狡猾伪善的高利贷债主这时故作仁慈，建议这件事听从上帝的安排。他说，他将在布袋里放入一颗黑石子和一颗白石子，然后让商人女儿伸手去摸，如果她拣中黑石子，那她就要成为他的妻子，商人的债务也就不用还了；如果她拣中白石子，那她不但可以回到父亲身边，他们所欠下的债务也将一笔勾销；但是，如果她拒绝探手一试，她的父亲就要入狱。

虽然不情愿，商人的女儿还是答应试一试。于是，他们来到了花园中铺满石子的小径上，协议之后，债主随即转过身去弯腰拾起两颗石子，放入袋子中。敏锐的少女突然察觉：两颗石子竟然全都是黑的！女孩并没有揭穿债主，只是冷静地将手伸入袋子里，装作漫不经心地摸出一颗石子。突然，少女的手一松，石子顺势滚落到路上的石子堆里，再也分辨不出是哪一颗了。

“哎！看我笨手笨脚的，”女孩惊呼道，“不过，没关系，看看袋子里剩下的这颗石子是什么颜色的，就知道刚才我选的那一颗是黑是白了。”

袋子里剩下的石子当然是黑的，阴险的债主既然不能承认自己的诡计，也就只好承认女孩选中的是白石子了。

一场债务风波，幸好有惊无险地落幕。女孩取胜的关键就在于转换模式化的思维，换个角义，把最不利于自己的外部条件变成了自己制胜的关键。因此，我们可以得出：只要突破传统思维，我们便能轻松地绕开霍布森选择陷阱。

在霍布森选择中，人们自以为是按自己的意愿作出抉择，而实际上思维和选择的空间都是很小的。有了这种思维的自我僵化，当然不会有创新，所以它更是一个陷阱，让人们在进行唯一选择的过程中自我陶醉而丧失创新的时机和动力。要实现特定的目标，就要求我们广泛调研，深入实际，充分了解相关信息，找出解决问题、实现目标的途径和相关的限制条件。通过总结和分析，权衡利弊、区分优劣，拟制多种优质预案作为备选方案。只有在此基础上作出的选择才是最优方案，才能跳出霍布森选择的陷阱。

恩格尔系数——衡量你生活水平的准绳

19世纪德国统计学家恩格尔根据统计资料，对消费结构的变化总结出一个规律：一个家庭收入越少，家庭收入中用来购买食物的支出所占的比例就越大，随着家庭收入的增加，家庭收入中用来购买食物的支出比例则会下降。推而广之，一个国家越穷，每个国民的平均收入中用于购买食物的支出所占比例就越大，随着国家越来越富裕，这个比例呈下降趋势。而其中，食品支出总额占个人消费支出总额的比重也就是恩格尔系数。

恩格尔系数在理论上来说能够比较准确地判定一个国家的经济发展水平和人民生活的富裕程度。根据联合国粮农组织提出的标准：恩格尔系数在59%以上为贫困，50%～59%为温饱，40%～50%为小康，30%～40%为富裕，低于30%为最富裕。

然而，这个标准对于我国来说却存有缺陷。以北京为例，来自国家统计局北京调查总队和北京市统计局的数据显示：2005年，北京城市居民恩格尔系数降至31.8%，按照我们前面提到的标准，北京城市居民的生活水平已经从经济发展初期的“温饱型”上升到现在的“富裕型”。但是，我们只看食物开销会掩盖许多问题。按照恩格尔的原意，除食物开销之外的家庭主要支出只有大量用于家庭设施、娱乐等提高生活质量方面的消费，才能算是实现富裕。但是，根据北京市社会研究所的调查，目前北京市民家庭设施、娱乐方面的支出仅为6.9%和5.9%。而与此同时，医疗保健、教育、住房三方面的平均支出共占46.3%。那我们也可以这样理解：46.3%的医疗、教育、住房支出以及31.8%的食品开销占到了78.1%，真正用于娱乐、提高生活质量 的开销不过21.9%，这才是北京市民的真实生活水平。

实际上，暴涨的医疗费、飙升的房价，还有居高不下的教育支出，都让中国的工薪阶层们不得不节衣缩食地从“牙缝里”抠钱。所以，恩格尔系数反映的不过是一种长期的变化趋势，它的主要作用只是帮 助人们了解消费结构的变化。实际上恩格尔系数低，不过是富裕的必 要条件，而不是充分条件。也就是说 ，如果富裕了，那么恩格尔系数 一定会低 ；但恩格尔系数低，却不一定标志着富裕。

恩格尔系数略低或是下降，其实有主动与被动两种情况。我们先来看恩格尔系数的主动下降，这意味着居民在收入增加、经济压力与生活负担减轻之后，会自然而然地增加娱乐、休闲方面的消费。然而在恩格尔系数被动下降的情况下，尽管居民用于非食品方面的开销增加了，但是这种增加却是出于无奈之举，并且只会让人们感觉生活的压力更重，更加没有乐趣可言。所以说，恩格尔系数的主动下降我们可以视为居民生活质量的提高，而恩格尔系数的被动下降则实际意味着居民精神压力的增加和生活质量的降低。所以我们在考量定位恩格尔系数时，应该注意区分数据的主动与被动下降两种情况，才能对 我国居民生活的实际状况作出准确的判断和分析。

就目前来看，我国居民总体收入水平虽然在逐步上升，但是却出现恩格尔系数被动下降，居民普遍感觉生活压力增大与实际生活质量下降的现象。这也可以说明，在一定程度上，我国居民并未从自身收入的增长中明显受益。在某一点上表明，我国居民收入增长中的很大一部分都被逐利行业盘剥了，比如说房产业。而要改变这种不正常的经济状况，让居民真正从收入增长与经济发展中受益，就需要国家与政府在公共服务与社会保障上承担更多的责任和义务，其中最应该增加医疗卫生与国民教育的投入，健全社会基本保障制度，采取有效措施稳定房屋价格。只有这样才能在恩格尔系数降低的同时让人们受益。

所以，恩格尔系数作为分析、评价居民生活水平的重要指标，只是一个相对指标，并不完善。这就要求我们在对某一地区不同时期的居民生活水平作分析时，要结合一些绝对指标和客观条件。而在对不同地区的居民生活质量作横向分析时，更要考虑到不同地区的消费结构实际情况的不同，切不可仅依据恩格尔系数轻易下结论。

吉芬商品——由爱尔兰土豆想起

我们在经济学中所学到的需求理论，是指在其他条件不变的情况下，一种商品的需求量与其本身价格之间呈反方向变动，即需求量随着商品本身价格的上升而减少，随商品本身价格的下降而增加。而吉芬商品则属于需求理论的反例，它是指在其他因素不变的情况下，某种商品的价格上涨不仅不会导致需求减少，反而使需求增加，而价格下跌反而会导致需求减少。

举个简单的例子来说，在 1845 年爱尔兰发生了灾荒，农产品价格急剧上涨。土豆、奶酪、肉的价格飙升，按照需求理论，价格上升需求量应该下降，事实上奶酪和肉的确是如此，可令人不解的是土豆的销量却是一反常态，不仅没有因为价格上涨而滞销，反而销量出奇的高。后来，英国经济学家吉芬仔细研究了这种现象，他发现，土豆在爱尔兰人的日常生活中也占有很大的份额，而饥荒的发生使人们的生活水平下降了，人们为了节省开支，大大减少了肉和奶酪的消费，转而把目光放到廉价的土豆上，于是就出现了随着土豆的价格上涨，其销售量不仅没有减少反而增加的怪事。后来，为了纪念吉芬，经济学中就把吉芬所发现的这一类违反价格弹性规律的商品称为“吉芬商品”。

再比如，端午节的粽子虽然要比从前贵，但仍然有很多人去买。因为到了这一天，大多数中国人都会选择吃粽子，那么粽子就成为了吉芬商品。如果有一种粽子的替代品出现，那么粽子的价格上升必定会引起需求下跌，同时使得另一种替代商品的需求和价格上升。

由此我们可以看出，吉芬商品的产生必须满足两个前提条件：一是这种商品为必需品，二是不存在更廉价的替代品供选择。

吉芬现象作为市场经济中的一种反常现象，是需求规律中的例外，但也是一种人们无法回避的客观存在的现象。在特定的环境条件下，吉芬现象总会以不同的形式出现。就拿当年的爱尔兰人来说，土豆价格越高人们越买，是在贫困中为了维持生存的一种不得已的选择。而人们认为一些首饰、跑车等奢侈品也是价格越高销售量越大，所以也是吉芬商品，这种看法是错误的。因为这时人们购买是为了显示自己的身份，提升自己的社会地位，这些奢侈品并不是生活必需品，也不是低档商品，所以并不能算是吉芬商品。

综上所述，我们也可以这样理解，当两种同类物品的价格同时提高时，吉芬物品的价格提高幅度一般小于另一物品的价格提高幅度，因此导致吉芬物品的相对价格较低，而又由于替代效应的作用使得吉芬物品的需求量增加。由此我们可以得出这样的结论：吉芬物品的替代效应与其相对价格的变化呈反方向变动，与其价格呈同方向变动，收入效应也与价格呈同方向变动。也就是说，吉芬商品的价格越高，销量也就越高。当然，吉芬商品并没有违背经济规律，只是特殊情况下的经济现象。

累进税——为什么收入越高纳税越多

人人都懂得纳税，认为这是天经地义的事，却从来没有疑问过，为什么政府拥有收税的权力？对此，我们只能说税收是一种社会契约，是一个政府赖以生存的经济基础。如果政府没有了税收收入，那么在经济上就难以维持运转，也自然无法保护公民的权益，所以说纳税是每个公民的义务。用美国最高法院法官奥利弗·温德尔·霍尔姆斯的话来概括——税收是我们为文明社会的付出。

税收有一个重要功能，就是可以调节人与人收入的差距，一般所采取的办法是“累进税”，其原则是从富人那里多拿一点钱，用来帮助那些低收入阶层。通俗一点说，就是谁工资高、收入高，那么谁交的税就高；谁每个月赚得少，谁交的税就低。这里，为大家举一个最为常见的例子：王光与李琳琳是一对夫妻，王光是一家软件公司的程序开发员，每个月的工资在 5500 元左右。其妻李琳琳是一家出版社的普通编辑，每月工资是 4000 元。他们的收入不一样，所需交纳的税款也不同。王光每个月要缴纳的个人所得税是 95 元，而李琳琳应缴个人所得税是 15 元。由此可见，累进税纳税人的负担程度和负税能力成正比，具有公平负担的优点。

累进税率的形式有全额累进税率和超额累进税率。全额累进税率就是征税的对象全部都按其相应等级的累进税率计算征税额。这种形式计算简单、方便，但却存在一定的不足之处，即在临界部位会出现税负增加不合理的情况。举例来说，张三每月纯收入 5000 元，适用税率是 3%；而李四每月纯收入只比张三多了 1 块钱，是 5001 元，但适用税率却上了一个档次，变成 10%，显然后者纳税额要增加许多，这样看来，用全额累进税率来计算就很不合理。这种情况怎么办？我们又要引出一个经济学概念，即“超额累进税率”，通过这种形式，就可以解决上述问题。

什么是超额累进税率呢？就是把征税对象的数额划分为若干等级，并对每个等级部分的数额分别规定出相应的税率，然后分别计算税额，各级税额之和为应纳税额。当征税对象数额超过某一等级时，仅就超过部分按高一级税率计算征税。

目前我国个人所得税的起征点为 3500 元，超额累进税率的计算方法如下：

应纳税额 = 应纳税所得额 × 税率 − 速算扣除数

工资、薪金所得适用个人所得税七级超额累进税率表

级数	含税级距	不含税级	税率(%)	速算扣除数
1	不超过 1500 元的	不超过 1455 元的	3	0
2	超过 1500 ～ 4500 元的部分	超过 1455 ～ 4155 元的部分	10	105
3	超过 4500 ～ 9000 元的部分	超过 4155 ～ 7755 元的部分	20	555
4	超过 9000 ～ 35000 元的部分	超过 7755 ～ 27255 元的部分	25	1005
5	超过 35000 ～ 55000 元的部分	超过 27255 ～ 41255 元的部分	30	2755
6	超过 55000 ～ 80000 元的部分	超过 41255 ～ 57505 元的部分	35	5505
7	超过 80000 元的部分	超过 57505 元的部分	45	13505

我们还以上面的那对夫妻为例，他们的个人所得税是如何计算出来的呢？先来看王光，他应缴的个人所得税＝（5500 － 3500）×10% － 105 ＝ 95（元）；而李琳琳应缴个人所得税＝（4000 － 3500）×3% ＝ 15（元）。丈夫王光比妻子李琳琳收入高 1500 元，就要多交 80 元的个人所得税。

累进税率的特点就是税基越大税率越高，税负呈累进的趋势。在经济方面，累进税率有利于自动调节社会总需求的规模，保持经济的相对稳定，被人们称为“自动稳定器”；在财政方面，它使税收收入的增长快于经济的增长，具有更大的弹性；在贯彻社会政策方面，它使负担能力大者多负税，负担能力小者少负税，符合公平原则。累进税的这些优点，决定了其能被多国广泛采用。

第3章　像经济学家一样思考

——解读我们身边常见的经济学现象

品牌效应——乔布斯和他的“苹果”

在今天手机品牌多如牛毛的时代，从来没有哪种手机需要用户连夜排队去抢购，而 iPhone 却做到了这一点。按理说，iPhone 的外观丝毫不时尚，所用的技术也不是最高端的，其价格也不便宜，但它却让无数人如痴如醉。大家将它誉为“史上最牛的智能机”、“手机中的战斗机”，甚至有的“果粉”放言：“与苹果手机相比，其他手机都像玩具”……

显然，以上言论过于夸张，但苹果手机确实有着不可质疑的优势，这一切都要归功于苹果的创始人乔布斯。乔布斯完完全全站在了用户的角度去设计产品、研发产品，常常在研发上侧重投入改进和用户体验相关的东西，如视频体验、下载体验、游戏体验、音乐体验等，而非基础性技术上的东西。在他看来，“情感的经济”将取代“理性的经济”，只有“与消费者产生情感共鸣”“制造让顾客难忘的体验”，自身的品牌才能走向王道。乔布斯让既有的技术变得更好用，赋予了苹果品牌最完美的操作体验。

另外，乔布斯对苹果品牌的质量要求非常严，甚至到了近乎偏执的程度，这是目前很多手机生产者都做不到的。乔布斯不放过任何一个细微的环节，所以每一个用过 iPhone 的人，都深深被苹果的一些细节所折服。这些小小的细节并不一定需要多大的科技含量，但却让苹果品牌深入人心，同时也把 iPhone 推向了一个高端位置，进而衍生为一种身份的象征。正因如此，许多人才喜欢 iPhone，毫不犹豫地选择 iPhone，说他们盲目崇拜也好，说他们故意炫耀也好，他们一点也不在意，且毫不掩饰自己对这个品牌的崇拜。

品牌及其相关的内容就是产品或服务的缩影。这就是说，当人们说奔驰更省钱时，他们认为实际情况就是这样，即使其他产品的花销相当或更低，他们也不想或不需要进行比较以后再作决定。依此类推，在招聘会上，各企业优先选择清华、北大出来的学生，也是认为其素质比其他学校的学生高出一筹；在专卖店中，人们愿意花上七八百元选择一双阿迪达斯的鞋，正是认为阿迪达斯比同类鞋的质量要好；在酒店里，一道菜有时会出现上百上千的价格，但吃客宁愿多花钱也不会去其他一些价格便宜、饭菜又好吃的餐馆……人们认为，品牌是一种保证，是一种身份的象征。

马斯洛有“人的五个需求”（也叫“自我实现”）理论。这五个需求从低到高依次是生理、安全、归属与爱、尊重和自我实现。而名牌效应正是满足了最后两个层次的需求。品牌可以让你得到别人的尊重。某种程度上，名牌说明了你的地位和个人价值，也是一种自我实现的表现。正因如此，很多人心甘情愿地选择心仪的品牌。

那么，名牌效应真的是合理的吗？如果其他产品的质量真的不如这个名牌，那么消费者选择这种品牌自然无可厚非。但是，如果在产品质量相同的情况下，去选择价格高的牌子货，那么，这样的消费显然不太理智。

诸如 2008 年的“问题奶粉事件”就是最好的说明。众所周知，中国

奶制品行业，名牌企业几乎占了大半个江山，消费者一直对名牌厂家的产品情有独钟，而几大名牌也早已被列入国家免检食品的行列，名牌效应尽显无疑。然而，“问题奶粉”事件却辜负了消费者的依赖。举这个例子只想向大家说明，我们对任何商品应该一视同仁，不要有过分跟风式的从众心理，这样才能在购买同样质量的产品时有独到的眼光。

而对于一些品牌企业而言，则要加大自我监管力度，不断改善生产技术，改进经营管理，提高产品质量，不断重塑和提升品牌形象。要充分意识到一个品牌的毁灭要比一个品牌的创立容易得多，千万不要搬石头砸自己的脚，让品牌产生信任危机。

节俭悖论——会花钱的人才会赚钱

18 世纪，荷兰的曼德维尔博士在他撰写的《蜜蜂的寓言》一书中曾讲过一个有趣的故事。一群蜜蜂为了追求奢华的生活，大肆挥霍，结果这个蜂群没过多久就兴旺发达起来了。而后来，由于这群蜜蜂改变了消费习惯，放弃了奢侈的生活，崇尚节俭，结果却导致了整个蜜蜂社会的衰落。这则故事中所暗含的即是“节俭的逻辑”，在经济学上我们称之为“节俭悖论”。在经济学史上这个理论曾经让很多专家为之困惑，直到经济学家凯恩斯从故事中看到了增加总需求与刺激消费对经济发展的积极作用，这一谜题才得以解开。

凯恩斯认为，在社会经济活动中，崇尚节俭对于个人或者家庭来说可以减少浪费，积累财富。然而对于整个社会来说，节俭却意味着支出减少、消费低迷、通货紧缩，迫使厂商削减产量，解雇员工，减少个人收入，最终也就减少了储蓄。同时，节俭还阻碍了经济发展的脚步，加大了就业压力。为此，凯恩斯无情地鞭挞节俭的储蓄者。1931 年 1 月他在广播中说明，节俭将使贫困“恶性循环”。他还告诉人们“如果你们储蓄了五先令，将会使一个人失业一天。”

按照他的观点，在资源没有得到充分利用、经济没有发挥出潜在产出的情况下，只有每个人都尽可能多地消费，整个社会经济才能走出低谷，迈向就业较为充分，经济向前发展的繁荣阶段。后来，凯恩斯的解释发展成为凯恩斯定理，即需求会创造自己的供给，具体含义为：一个国家在一定条件下，可以通过刺激消费、拉动总需求来达到促进经济发展和提高国民收入的目的。

当然，任何经济理论都是以一定条件为前提的。凯恩斯有效需求不足的理论，也是针对 20 世纪 30 年代世界性的经济大危机提出的。在他看来，只有有效需求增加，即居民减少储蓄，增加消费，才可以使得国民经济恢复增长。在这种情况下，节俭悖论确实是可信赖的。

关于这一点，我们也可以换个角度来看。人们通常会把收入按两种方式分配：消费和储蓄。而消费与储蓄呈反方向变动，即消费增加了储蓄势必减少，消费减少了储蓄就会增加。因此，储蓄与国民收入也呈现反方向变动，储蓄增加国民收入就会减少，储蓄减少了国民收入就增加。按这个道理来看，增加消费减少储蓄，便会因为增加了总需求而引起国民收入增加，进而促进经济繁荣；反之，就会导致经济萧条，不景气。由此我们可以得出以下推论：减少消费增加储蓄会增加个人财富，对个人而言是件好事，但由于会导致通货紧缩，减少国民收入，引起经济萧条，对国民经济来说显然是件坏事。

20 世纪 30 年代大萧条时期，还曾有专家将储蓄说成“一个特别危险的自我毁灭过程。”

最典型的例子就是在“9・11”恐怖袭击事件后，美国人一度陷入绝望与悲痛之中，对政局的稳定和经济的恢复失去信心，不敢轻易消费和投资，个人储蓄明显增多，以防未来不可预测的变化。这种保守消费心态的形成一时间就使美国经济真正跌入低谷、进入低迷期。最后在不得已之下，政府开始扶持美国一些知名企业家，联合起来投资股票基金市场，并呼吁大家松开钱袋子，加大消费和投资的力度，才拯救了美国的经济。

经济学家卡尔文·胡佛教授曾经记录了这样一个小故事："1934 年在华盛顿的一家餐厅里，当我正准备与凯恩斯共进晚餐时，他幽默地调侃了我从搁架上挑选毛巾而避免将其弄乱的优雅举止。他用手扫了一下搁架，将三条毛巾扫到地板上，并且开玩笑说：'我确信与你非常谨慎避免浪费的做法相比，我对于美国经济更加有用，因为弄乱这些毛巾可以刺激美国的就业。' 可见不管是在物质上还是行为上，并不是越节俭就越有好处。"

我国经济发展的一个突出特点就是储蓄率居高不下而消费率长期处于低谷。因此，正确理解节俭悖论，有助于避免高储蓄可能带来的不良后果，包括产品过剩与就业问题等等。并且，节约也并不是市场经济的本质。市场经济所讲的是供给与需求，刺激消费，拉动需求，加大投资，才会使经济发展起来。所以，在某种程度上说，市场经济并不是提倡节约的，正如经济学大师凯恩斯认为，节俭对发展经济来说是一种悖论。

注意力经济——凤姐、小月月为什么那么火

当身高仅有 1.46 米，长相极其普通甚至有点丑，且满嘴狂言的凤姐第一次出现在电视中时，每个人都对她烦得咬牙切齿。凤姐称自己懂诗画、会弹琴、精通古汉语，9 岁起博览群书，20 岁达到顶峰，智商前 300 年后 300 年无人能及；她超高的择偶标准，则被冠以"梦想""自信"等称号，成为了人们取笑她的原因。因为这些，凤姐自然而然地站在了风口浪尖之上，现在包括她自己在内的所有人都达成了一个共识：凤姐火了。

古人对"火"的理解是"十年寒窗无人问，一举成名天下知"、"台上一分钟，台下十年功"。而凤姐的"火"呢？很明显，靠的是炒作。凤

姐深知，自己靠炒而火起来要比靠汗水而火起来更简单，更容易吸引大家的眼球。她这么做，完全就是博个“出位”，如果她不“出位”，她永远是 10 多亿人海中的一员，而且有可能因自身条件成为“剩斗士”或者“齐天大剩”。如果没有这种“出位”，她不可能赢得大众的“关注”。

在经济学中，如果有很多人都来关注一件事情，那么当事人就可以借助这种关注获得意想不到的收益，用一个术语来形容，就是“注意力经济”。正如诺贝尔奖获得者赫伯特·西蒙所说：“随着信息的发展，有价值的不再是信息，而是注意力。硬通货不再是美元，而是关注。”

通过西蒙的叙述，我们可以总结出“注意力”的特点：第一，它不能共享，也无法复制；第二，它是有限、稀缺的；第三，它有从众的特点，受众人群可以相互交流、相互影响；第四，注意力是可以传递的，前面我们提到的凤姐的例子就证明了这一点；第五，注意力产生的经济价值是间接体现的。

进一步来说，“注意力经济”就是依靠吸引大众的注意力，以获取经济收益的一种经济活动。而要吸引大众的注意力，最重要的手段之一就是视觉上的争夺，因此，注意力经济也被称为“眼球经济”。谁抓住了公众的眼球，谁就可以最早获得经济利益。

除了凤姐，还有很多“火”得一塌糊涂的人，如芙蓉姐姐、贾君鹏、犀利哥等，虽然他们其中有一部分人是被迫成名，甚至当事人很可能都是虚构出的，但他们都抓住了大众的眼球，用特殊的创意赚到了大家的“注意力”，这本身就是一种成功的营销。

我们都知道前阶段在网络上闹得沸沸扬扬的“小月月”，其实她完全是由幕后推手们策划出来的人物。她的形象是参考“芙蓉姐姐”、“凤姐”形象后确定的，主要为了迎合网络流行传播模式和网民的口 味。如果你还在微博上讨论小月月的长相或者极品行为，那你就真的“OUT”了，因为现在大家关心的重点是“小月月背后的阴谋”和利益链。

日前一篇《看看我怎么策划“小月月”事件来把网民当猴子耍》的文

章透露了策划“小月月事件”的部分细节，此文表明炒作背后确实存在利益链条。出资方是上海一个亿万书商，通过媒体找到一位网络推手，说自己有个女儿叫做小月月，长得还算可以，也是“富二代”一个，自己写了一本小说叫《小月月》，已经完稿，等待出版中。书商想目睹网络推手炒作的过程，用“小月月”练练手，如果成功，再进一步推广书商女儿的书。于是，经过精心策划，一场吸引了无数人关注的网络炒作事件就产生了。

参与策划事件的团队共有50多人，加上临时招聘的共计近5000人。有大学生，有网吧玩游戏的，有IT行业的，有社会网络操作者等。主要工作是组建小月月粉丝团、个人网站、微博、贴吧、QQ群、漫画制作、时事评论、新话题制造、新闻稿撰写与投放、媒体爆料、视频制作等。执行时，这些人包下数十家网吧，5000人同时为“小月月”事件走红源源不断地生产信息。在这样精心的策划与周密的安排下，短短几天小月月就火遍了大江南北。网络上出现了无数“拜月教”信徒；淘宝网店里，已经有店主开始卖与小月月有关的女装、包、美容霜、专用胸章以及“小月月专用高跟鞋”……

当今社会，在强大的媒体的推波助澜之下，“眼球经济”比以往任何一个时候都要活跃。电视需要关注，有收视率才能保证电视台的经济效益；杂志需要关注，发行量才是杂志社的经济命根；网站更需要关注，点击率才是网站价值的集中体现。于是，一些媒体、网络推手共同造就了一个又一个“眼球名人”，而他们也如愿以偿地获得了利益。

这个经济学原理也可以用来解释生活中的很多现象，比如，为什么一些网站热衷放一些“帅哥”、“美女”的图片？为什么网络上会出现“QQ空间达人”、“网易博客”、“同城魅力秀”等？这是因为许多人内心充满了强烈的交友欲望，这使得他们更容易关注一些美丽的图片、漂亮的人。当聚集了足够多的注意力时，这个网站的点击率也随之上涨。还有，为什么现在销售手机和汽车时，都要请模特来宣传商品？这也是一种注意力经济的线下体现。爱美之心，人皆有之，人人都爱看美女，喜欢欣赏美女，渴望认识美女，而媒体或商家正是抓住了大众的这种心态，从而形成了自己的“注意力经济”。

处于这样一个崇尚创新和猎奇造势的时代，任何和庞大有力、引人注目等有关联的事情本身就是经济利益的一种标志。作为消费者，应警惕这种“注意力经济”，学会甄别信息，千万不要被一些无谓的东西吸引住眼球，进而敞开自己的腰包。

格雷欣法则——别让老鼠赶走黄牛

如果有这样两位面包师：一位做的面包松软香甜，馅料十足；另一位做的面包则干硬、粗糙，缺斤少两，馅料的味道也不好，但价钱比第一位的低一半。你认为哪一位师傅的面包会大卖呢？

答案并不一定是第一位。原因是什么呢？这就要引出格雷欣法则。在历史上，很长一段时间里，人们所使用的货币并不是我们今天所看到的纸币，而是用金属打造的铸币。这种铸币与纸币不同的是，它本身就具有价值，即其所采用的金属的价值，而它的面值又与它本身的价值（重量和成色）有着直接关系。因此便带来了两个问题：一是铸造的时候，不能保证每一个铸币的重量和成色都是相同的；二是在长时间的流通使用中，一定会因磨损而导致铸币的耗损。这样一来，相同面值的货币，其真实价值就会不同了。也就是说，重量轻、成色差的劣币，其实际价值就会相对低于重量足、成色好的良币。于是，实际价值较高的良币便会被普遍收藏起来，并逐步从市场上消失，最终被驱逐出流通领域，而实际价值低于法定面值的劣币就在市场上独当一面了。

16 世纪时，英国经济学家格雷欣爵士发现了这个现象，并将它称为“劣币驱逐良币”现象，后人也称它为格雷欣法则。它所指明的就是：优秀的并不总能战胜卑劣的，好的也并不一定能打败差的。在现实生活中，达尔文的“优胜劣汰”规则也会有失灵的时候。

比如，在人才市场上就存在这种现象。假设市场上有两个应聘者——“高效者”和“低能者”,两个人都积极地向雇主传递自己实力很强的信息，尤其是“低能者”想尽办法把自己伪装成一个“高效者”。 这时候，毕业院校的知名度和学历就成为一种较为客观的衡量工具。通常情况下，大家都会认为那些毕业于名牌大学的人要比普通学校的学生更有能力，也更聪明。然而实际上,高学历并不能代表高能力，名牌大学有时候也会出现“低能者”，但是在没有更好的选择的情况下，雇主们只能相信学历和院校所传递的信息了。

这样，就把一些“良币”驱逐出去了。 这样的事情并不少见，在报纸上也曾登载过。一位从海外留学的 医学博士回国后就职于上海的某家大医院。他不仅医术高明，而且医 德高尚，工作认真负责。但他在别人看来有一个“怪癖”，那就是从来 不收病人递上来的“红包”。这让其他医生难以接受，马上就激 起了众怒。最后，院方没办法，只好与他解除了劳动合同。这还不算完，因为原则上不能让他毫无理由地离开，所以只能不负责任地给他扣了 几顶不大不小的帽子，对外宣称他没有责任心，而不是医院本身的问题，弄得这位高材生在失业之后的求职之路一直不顺利，四处碰壁。最后，只能再次出国寻找出路。

意大利的一位著名作家曾说过这样一句话：“在一个人人都在偷窃的国家里，唯一不去偷窃的人就会成为众矢之的，成为被攻击的目标。”仔细想想，不难理解。就像在一群白兔之间突然多出一只灰兔，就会被大家视为异类，驱逐出境。这位博士也正是如此，虽然他很有能力，但因为没能“融入”大家，坚持了自己的原则，才被解雇。我们不禁很遗憾，这么优秀的人才，却偏偏做了格雷欣法则中的“良币”，被淘汰出局。可有些时候现实就是如此，劣未必会败，优也不一定能胜；插队的人总是能捷足先登，排队的人总是最后才被挤上车；不受贿、不贪污的人只能受排挤，吃力不讨好，即使不干涉他人想要独善其身也是很困难的。可以说，社会中，违背“优胜劣汰”的例子比比皆是。

在一个缺乏健全体制和良好秩序的环境里，作为一个管理者，需要做的就是分清公司里的人，哪些是啃食企业的“老鼠”，哪些是勤恳就业的“黄牛”，不要被表面的征象迷惑，让老鼠驱走黄牛。

价格歧视——为何雷克萨斯在中国卖得贵

价格歧视，实质上就是一种价格差异。它的具体含义是指商品或服务的提供者在向不同的接受者提供相同等级、相同质量的商品或服务时，在接受者之间实行不同的销售价格或收费标准。经营者没有正当理由，就同一种商品或服务，如果对条件相同的若干买主实行不同的售价，就构成价格歧视行为。

对于商家而言，一切行动的目的都是为了利益，价格歧视也是如此。如果按较高的价格把商品卖出去，生产者固然可以从单件商品中多得到一些利润。但是这样做的同时，却会赶走许多支付能力较低的消费者，从而导致生产者整体利润的减少。如果可以采取一种两全其美的方法，既以较高的商品价格赚到富人的钱，又以较低的价格把穷人的钱也赚过来，那就完美了，于是价格歧视应运而生，这也是价格歧视产生的根本动因。

价格歧视的前提是市场分割。如果生产者不懂得分割市场，那就只能实行一个价格。如果生产者能够分割市场、区分顾客，而且所分割的市场具有明显不同的支付能力，这样企业就可以对不同的群体实行不同的价格，尽最大的可能实现高利润。

例如，目前世界范围内最成功的日系豪华车雷克萨斯。在中国境内雷克萨斯 GS300 68.8 万元的售价跟德国市场上约合人民币 44 万元的价格比起来高出了 20 余万元，更是比美国市场的售价高出了一倍的价钱。而雷克萨斯 GS430 在美国市场的售价为 51500 美元，在欧洲市场上的售价为 54200 欧元，而同一款汽车，在中国市场上的售价却超过了 90 万元人民币，折合美元约为 14 万元，折合欧元约 9 万元。可以说，雷克萨斯成功地分割了市场，将中国富豪的支付能力视为最高，从而为它的定价歧视提供了依据。作为消费者，多付了钱自然会觉得吃亏，所以他们通常都会反对商家的价格歧视行为而要求公平待遇。然而，价格歧视却并不会受到所有消费者的抵制。因为如果没有价格歧视，商家“一视同仁”，实际上也未必会得到满意的结果。就像美国 P&G 公司曾经一度采用“折扣券”制度，对出示、积攒、保存、携带“折扣券”的顾客（往往都是低收入者）实施优惠价格。1996 年，P&G 公司因区分消费者需求弹性成本较高而决定取消这种制度。P&G 公司的顾客立即愤怒了，后来连纽约州司法部都介入了此事，强制 P&G 公司执行“折扣券”制度。所以说，绝对的公平是不可能的，即使可能也不见得会被人们接受。

值得注意的是，价格歧视虽然可以作为市场经济中重要的营销手段，使企业自身的利润更大化，但由于它也是与地域、垄断及需求息息相关的，因此，在价格歧视的条件没有完善前，盲目地使用价格歧视定价往往会适得其反。

需求弹性——为何餐厅提供免费续杯

几个女孩一起出门逛街，临近中午，她们想找一家餐厅歇歇脚。街上大大小小的餐厅一家挨着一家，档次不相上下，环境都很好，女孩们看花了眼，不知道该选择哪一家好。忽然，一家打着独特标语的小店吸引了她们的眼球。只见这家餐厅的招牌上写着：本店饮料免费续杯。于是，女孩们毫不犹豫地走了进去。这家小店服务员的态度非常好，虽然饭菜价格稍贵一些，但吃起来很可口，并且，此店提供冰茶、酸梅汤、柠檬汁的续杯服务。女孩们相互约定，下次还来这里吃饭，因为这个小店很为消费者着想。

那么，商家为什么为顾客提供这种服务呢？如果从经济学的角度看，商家的这种行为也就不难理解了。在竞争如此激烈的今天，没有哪一家餐厅能垄断整个餐饮业。为了获取利益，餐厅老板们只能绞尽脑汁想办法，以保证自己在不被市场竞争排挤掉的同时，还能够获得更多的利润——而提供免费续杯就是餐厅决策者所作的一种策略。

一般情况下，餐厅里提供很多种饮品的续杯服务，但大家留意这些饮品就会知道，其实成本非常低，与菜价比起来根本不算什么。即使顾客喝到撑破肚皮，经营者也没有太大的损失，然而，这在消费者看来却仿佛自己占了很大的便宜，下次自然还会光顾，商家也因此招揽了客源。

这里会涉及一个经济学名词，叫做“需求弹性”。所谓的需求弹性，就是指在一定时期内，一定程度的价格变动所引起的需求量变动的程度。我们通常用价格弹性系数加以表示：需求价格弹性系数＝需求量变动的百分比／价格变动的百分比。根据需求价格弹性系数的大小可以把商品需求划分为五类：完全无弹性、缺乏弹性、单位弹性、富有弹性和无限弹性。

其实，像饮料这一类商品，需求弹性很大，所以很多餐厅都会为顾客提供免费续杯的服务，在赢得顾客的同时赚取更多的利润。以柠檬水为例，它的价值由原料、服务、品牌等组成。如果柠檬水的原料的价格比重小于服务和品牌，那么为你免费续杯的可能性就很大；如果顾客对柠檬水的需求弹性小，也就是说柠檬水从每杯 3 元降至每杯 1.5 元，售出的价格变化也不是很大，那么续杯的可能性就更大。

随着人们生活水平的不断提高，就餐顾客的人数也在逐渐的增长，餐厅为顾客提供服务的平均成本就会下降，而且餐厅为顾客所作的每一顿膳食所收取的费用都会远远高于这顿饭的实际成本。所以，只要能吸引来额外的顾客，餐厅的利润就会有所增加。而提供免费续杯吸引到的顾客不在少数，因此，无论从哪个角度来说，餐厅都是最后的赢家。

马太效应——为什么穷者越穷，富者越富

在圣经《新约·马太福音》中有这样一则故事：

一位国王远行前，交给三个仆人每人一枚银币，并吩咐他们："你们拿着银币去做生意，等我回来时，再来见我。"等到国王回来时，第一个仆人说："主人，你交给我的一枚银币，我已赚了 10 枚。"于是国王奖励他 10 座城邑。第二个仆人报告说："主人，你给我的一枚银币，我已赚了 5 枚。"于是国王照例奖励了他 5 座城邑。第三个仆人报告说："主人，你给我的一枚银币，我一直放在口袋里存着，我怕弄丢，一直没有拿出来。"于是国王命令将第三个仆人的银币也赏给第一个仆人，并且说："凡是少的，就连他所有的也要夺过来。凡是多的，还要给他，叫他多多益善。"

这就是所谓的马太效应。马太效应的实质是指好的越好，坏的越坏，多的越多，少的越少的一种现象。看看我们周围，就可以发现许多马太效应的例子。朋友多的人会借助频繁密切的交往得到更多的朋友；朋友少的

人会一直孤单下去。金钱方面也是如此，即使投资回报率相同，一个比别人投资多 1 倍的人，利润也多 1 倍。同样的道理，如果你像第三个仆人一样保守地选择储蓄，那或许你连自己所拥有的银币都有可能消失（通货膨胀、纸币贬值）。而你若像第一个仆人一样，大胆地选择投资，那说不定你将会拥有 10 座城邑。

近些年来，中国市场经济风起云涌，人们生活水平不断提高，随即产生了剩余资金的处置问题。是储蓄还是投资呢？按照现在的经济情况来看，全国居民消费价格指数（CPI）不断上窜，物价猛涨，即使银行频频加息也于事无补。大胆的人早在几年前就已经走上了投资的道路，赚到了第一桶金。

现今社会，穷人通常会把辛苦攒下来的钱拿去存进银行，因为他们冒不起风险。而富人对银行的一点小利息根本不放在眼里，他们更愿意拿去做各种投资。这样问题就出现了，由于现在我国处于负利率时代，2011 年全年 CPI 上涨 5.4%，而银行的活期利率是 0.50%，一年定期存款年利率也不过是 3.50%。那么，如果任由通货膨胀吞噬你的财富，你的财富将持续贬值。也就是说，如果你选择投资，那么，你有可能亏，也有可能赚。但如果你选择了储蓄，那你将来一定会亏。其实储蓄就是这样，你把钱交给银行，银行给你利息然后拿着你的钱去投资，多赚的都是银行的，赔钱当然也是他们自行承担。好处是你可以拿到利息又不用承担风险。但由于我国现阶段的 CPI 指数较高，所以，不管存活期、存定期，储蓄的利率根本无法对抗通货膨胀。这样的储蓄也就导致了马太效应中的“少的越少”，没钱的越来越没钱的结果。

老子的《道德经》中有一句话：“天之道，损有余而补不足，人之道则不然，损不足以奉有余。”这也是马太效应的一个展现。没有钱的人永远会选择最保守的方法，守住自己的财富，可惜这种做法已经不适用于这个时代了。有钱的人会运用自己手中的钱去博得更多的财富。于是，富者就有更多的发展机会，而穷者害怕风险，只能甘于现状。最后，富者越富，穷者越穷。这也是政府在经济发展中最害怕的会使贫富差距拉大的马太效应。处于这样的时代，如果你还在辛辛苦苦地往银行存钱，那就真的落伍了。不要做那个被拿走银币的仆人，因为不论你如何努力地去积攒，总是会被一只无形的手拿走你的财富。储蓄与投资也是如此，不要过于畏惧风险，因为起码还有赢的机会。每个人的命运都掌握在自己的手里，选择好适合自己的投资方式，对市场作出充分的了解，然后就放手去做吧！

凡勃伦效应——为什么有些人爱买奢侈品

法国国王拿破仑三世是一个喜欢炫耀的人。他常常大摆宴席，宴请宾客。每次宴会，餐桌上的餐具几乎全是银制的，唯有他自己用的那一个碗是铝制的。为什么贵为法国国王，不用高贵的银碗而要用色泽暗淡的铝碗呢？原来，在 200 年前的拿破仑时代，冶炼和使用金银已有很长的历史，宫廷中的银器比比皆是。可是，铝却十分罕有，这是因为人们才刚刚懂得从铝矾土中把铝炼出来，冶炼的技术还非常落后。所以，不要说百姓用不起，就是王公贵族也用不上。拿破仑让客人们用银餐具，偏偏自己用铝碗，就是为了显示自己的高贵地位。

现在听来十分可笑。因为铝不仅在光泽和性能方面比不上银，而且在当下铝的价格还极为便宜，谁还会像当年的拿破仑那样拿它来炫耀呢？

美国经济学家凡勃伦把消费这种极为昂贵的产品或服务的行为称为“凡勃伦效应”。它是指商品价格定得越高，越能受到消费者的青睐。这一倾向反映了人们挥霍性消费的心理愿望。因此，“凡勃伦效应”也称为“炫耀性消费”。这类消费行为的目的不在于其使用价值，而在于其能否有效地炫耀自己的身份。此外，消费心理学研究也表明，商品的价格具有很好的排他性，能较好地显示出个人的财富水平和社会地位。

举个例子来说，当今年轻的“富二代”们正逐渐走向公众的视野。与父辈们步履维艰、艰苦创业不同，他们一出生便继承了万贯家产，没有经过生活的磨炼，使得他们对财富的认识并不全面，人生观也有一定的缺失。这就造成了他们中的一些人毫无节制地消费，从消费中寻找尊严与存在感的错误心理。LV、香奈儿、范思哲、古琦等昂贵却不一定实用的世界顶级奢侈品都成为他们攀比的媒介，归根到底就是受到“凡勃伦效应”的影响，“炫富”心理在作怪。

当然，这种炫富心理其实在普通人的日常生活中也较为常见。就像很多时候，人们买一样东西，看中的并不完全是它的使用价值，而是希望通过这样东西显示出自己的财富、地位或者是其他。但是在我国，炫耀性消费增长的速度远快于经济增长。

“凡勃伦效应”中不正常的炫耀性消费所带来的损失是巨大的。当人们一味地看重自己的财富地位、权贵身份时，便会尽其所能地炫耀和攀比，把人生的目标与意义定位在不断满足日益膨胀的虚荣心上。在很多腐败案例中，一些高官都是因为要显示自己的地位和权势，满足自己不断膨胀的欲望，大肆进行炫耀性消费，最终放弃了原则和法律，导致权钱交易、贪污受贿，直至锒铛入狱。此外，炫耀性消费还会导致资源浪费，这种非理性的消费，浪费了本可以节省的财物与资源。就目前来看，我国资源状况已经制约了经济的发展，人们生活基本需要与社会生产的资源都难以保证，如果还在进行炫耀性消费，实非明智之举。

随着经济的发展，人们的消费也会随着收入的增加逐步由追求数量和质量过渡到追求格调与身份上来。了解了“凡勃伦效应”，不仅可以使我们的消费更加理性化，避免炫耀性消费，还会使企业改变其营销策略与产品结构，合理进行资源配置。

刚性需求——为什么房价被炒得那么高

近几年来，几乎人人都在谈论楼市，谈到楼市我们就不得不说刚性需求。刚性需求到底是什么，到底有多大的魔力，大多数人都说不清。

根据经济学的供求关系理论，刚性需求是相对于弹性需求来说的，只有受价格变动影响极小的需求才是刚性需求。比如说如果空气有价格，那么人们对空气的需求就是刚性需求，不受价格变动影响，因为它是人们所必需的。与之相似，每个人都有住房的需求，因此住房需求看上去确实是刚性的。

但是，刚性需求也不是绝对的，当刚性需求被飙升的房价破坏后，这个刚性需求也就成了弹性需求。例如：北京楼市的刚性需求一直以来都被开发商奉为金科玉律。房价频繁上涨但购买者仍然众多，开发商们为此高调宣称，这是北京住宅市场的刚性需求所致。然而，到了 2010 年下半年，有购买力的基本已经都出手了，再加上受价格和政策双重影响，成交量日渐萎缩。很多人宁愿以租房或是申请保障性住房等方式来解决住房需求。由此可见，住房的需求似乎并没有那么“刚”。仅因为是刚性需求就把房价炒到那么高，根本毫无逻辑，而且这个所谓刚性需求还有待商榷。

如此恶炒房价给社会带来的另一个严重后果，就是造成了社会消费的严重不足。试想一下，当一个工薪阶层一生的积蓄都买不起一套房子的情况下，他还敢拿什么来从事消费呢？或是买完房了，但是背负着二三十年的贷款，那他还能拿什么出来消费呢？当然，或许问题仅是暂时的，因为有关人士已经对中国未来的房市作出了分析，房价不久必会大跌，这个楼市的刚性需求理论看来也未必能支撑很久了。

首先，今后的几十年，至少会产生两代人。但是，中国的计划生育政策决定了新生人口的下降趋势。出生人口会小于自然死亡人口。人少了，那么，房子相应也就会“空”出来。

其次，城市人口净无房户在近年来已经越来越少了。无论是保障性住房还是商品房，总之，大部分人都已经拥有了或大或小的住房，因此，非买不可的群体正在急剧下降。

再次，目前城镇住房隐性空置和绝对空置面积巨大，仅是因为房屋持有人对房价的预期升值以及银行需要保持账面虚假利润而选择虚报价格还在起作用，所以问题暴露得尚不明显。一旦人们清醒过来，房价暴跌的速度一定不会比其上涨的速度慢。

另外，在中国推行房改政策以来，房价是一路上涨的，但购买力却是在一路下降的。因为有钱人在早期已经买了房，今后的购房主体将仅是低收入者和年轻人。他们并不会像上几代人那样手里握着一辈子的积蓄，不敢乱花分毫，这样一来，不断上涨的房价将使他们更加买不起房，除非他们愿意一辈子都做房奴。

最后，中国的城市化在某种程度上来说，也许是一条不归路。目前，许多农村的土地大面积被征用以及国际粮食价格的飞涨，决定了中国“建筑工地”的游戏即将结束。经济转型是客观的,是不以人的意志为 转移的,毁地盖楼的代价是巨大的,巨大的代价即是巨大的能源消耗 与资源枯竭。

无论怎样强调刚性需求，房地产严冬的到来已经是不可避免的了，泡沫破灭即在眼前。因为土地支撑不起，居民购买力支撑不起。只有剔除了所谓的刚性需求之后，才能让房地产回归到“解决民居”的正道上来后，社会才会释放真正的刚性需求，才能形成一个理性、健康的房地产市场。

第4章　玩的就是心计

——让你精于城府和谋略的经济学博弈

博弈论是一种“游戏理论”

近几年来，博弈的观点频频出现在各类经济分析活动中。那么，博弈究竟是什么？对现代经济生活又有什么指导意义呢？

通俗地讲，博弈论是一种“游戏理论”，是一些个人或团队，在一定的规则约束下，依靠所掌握的信息，在平等的对局中，各自利用对方的策略变换自己的对抗策略，以达到取胜目标的理论。

大家都知道“田忌赛马”的故事，其实这就是一个最典型的博弈。战国时期，齐王和大将田忌赛马，双方各出三匹马各赛一局。双方的马根据好坏分别分为上、中、下三等。田忌的马比齐王同一级的马差，但比齐王低一级的马好一些。若用同一级马比赛，田忌必然连输三局。每局的赌注为 1 千金，田忌要输 3 千金。田忌的谋士孙膑建议田忌在赛前先探听齐王赛马的出场次序，然后用自己的下等马对齐王的上等马，用中等马对齐王的下等马，用上等马对齐王的中等马。结果以负一局胜两局赢得 1 千金。

其实，博弈就是根据不同的游戏规则产生与之相对抗的策略。在这场比赛中，孙膑只是抓住了规则中的某些漏洞耍了些小聪明，而这个小聪明也刚好体现出了博弈的智慧所在。

在伊索寓言中有这样一则小故事，讲的是狐狸与熊之间的博弈。一天傍晚，狐狸踱步来到了水井边，俯身低头看到井底水面上月亮的影子，它认为那是一张大烙饼。于是，这只饿得发昏的狐狸跨进一只吊桶下到了井底，随后与之相连的另一只吊桶便升到了井口上。下到井底，狐狸才明白这张“大烙饼”是吃不得的，自己已经犯了致命的错误，处境十分不利，如果想不出办法就只有等死了。于是，它期待着另一个饥饿的替死鬼来打这张“大烙饼”的主意，把它从井下窘迫的境地换出来。可是一天一夜过去了，没有一只动物走近水井。就在绝望的狐狸无计可施之时，刚好一只口渴的灰熊途经此地，狐狸不禁喜上眉梢，它热情地对灰熊打招呼："喂，朋友，我免费招待你一顿晚餐，你觉得怎么样？"看到灰熊流口水的样子，狐狸于是指着井底的月亮对灰熊说："你看这个大烙饼，我自己也吃不完，不如你钻到桶里，下到井底来，我们一起吃吧。"狐狸眉飞色舞地编造着谎话，这只灰熊果然中了它的圈套。跨进桶里去了，而它的重量刚好使狐狸升到了井口，于是这只被困的狐狸终于得救了。

在这个故事中，狐狸和灰熊所进行的博弈，我们称为"零和博弈"，也是博弈的一种，它在我国早前的经济竞争中尤为常见。"零和博弈"是一种完全对抗、强烈竞争的对局。它是指博弈中的各方在激烈的竞争下，一方的收益必然意味着另一方的损失，博弈各方的收益和损失相加总和永远为"零"，双方不存在任何的合作。然而到了今天，除了主权斗争和军

事冲突之外，现实经济生活中一般很少出现类似狐狸与灰熊这种“有你没我”的局面。因为在市场经济下，想要有长远的发展，就要和别人合作，双方互利互惠,这样才可以获取最大的利益。所以市场经济最巧妙的地方，就在于它是双方认可的，任何一次交易都要经过双方同意，这样买方也赚钱卖方也赚钱，做到双赢的效果，财富就创造出来了。所以，我们要想在事业上游刃有余，有更长远的发展，就要避开“零和博弈”，用更巧妙的博弈思想获取更大的利益。

在现实生活中，我们经常会遇到各种各样的价格大战，如空调大战、冰箱大战、通信大战、超市大战……在这里，厂家价格大战的过程实际上也是一场博弈，而且价格战的结果通常是谁都没赚到钱。因为博弈双方的利润已经在“促销与打折”中降没了，所以，这种长期的价格战对厂商而言无异于自杀。

在整个价格战中，有两个问题是我们不得不面对的，一是竞争削价可能导致的零利润结局。二是如果不加入价格战，无异于在敌对博弈论中坐以待毙。所以，在通常情况下，有实力的企业都会采取“消耗战”，先在成本上下足工夫，把价格压到最低，再经过持久战之后，通常对手的生命力都会被消耗掉，最后形成垄断价格，并尽力获取垄断利润，而这就是博弈中胜利的一方。当然，也会有在垄断过程中失败的情况，而且这种情况居多。因为只要资本支撑不住，就会前功尽弃、损失惨重，企业也会元气大伤。

简单说来，博弈论就是研究对局中双方利用对方的策略变换自己的对抗策略，以达到取胜的目的的理论。每个博弈者在决定采取何种行动时，不但要根据自身的利益和目的行事，还必须考虑到他的决策行为可能会对别人造成的影响。通过选择最佳行动计划，来寻求收益或效用的最大化。

信息不对称——决策失误的原因

贫穷的犹太人费尔南多在星期五的傍晚抵达一座小镇。他没有钱吃饭，更住不起旅馆，只好去犹太教会堂找执事，请他介绍一个可以在安息日提供食宿的家庭借宿一晚。

“安息日”是犹太教的一个古老节日。犹太教的古老律法规定，一周的第七天为“安息日”，这是休息的日子。因为犹太人日历中的一天是从第一天黄昏开始到第二天下午的结束，所以周五晚上便是一周第七天的开始。“安息日”具体指的就是星期五的黄昏到星期六的下午。回到故事中来，执事打开了记事本，查阅了一下，对他说：“这个安息日，经过本镇的穷人特别多，每家都安排了人，除了开珠宝店的西梅尔家，只是他为人比较吝啬，向来不肯收留外地客人。”

“放心吧，他一定会接纳我的。”费尔南多自信地说。在执事的指 引下，费尔南多来到了西梅尔家门前，举起手轻轻地在紧锁的漆红色大门上敲了三下。西梅尔一开门，费尔南多就神秘兮兮地把他推到一旁，从大衣口袋里取出一块砖头大小，沉甸甸的包裹，小声问道：“西梅尔先生，听闻您对金银素有研究，请问砖头大小的黄金可以卖到多少钱呢？”

西梅尔眼睛一亮，这不就是自己日思夜想要做的大买卖吗？可是，现在已经到了安息日，按照犹太教的规矩不能谈生意了。但西梅尔又舍不得让这送上门的大买卖落入别人手中，便连忙挽留费尔南多在自己家中留宿，等到明天日落后再详谈。

于是，在整个安息日里，美酒佳肴，舒适的客房，费尔南多受到了珠宝店老板西梅尔的盛情款待。好不容易等到了星期六的晚上，西梅尔迫不及待地催促费尔南多把“货”拿出来看看。“什么金子？我哪有金子啊？”

费尔南多故作惊讶地说，“我不过 是想知道一下，砖头大小的黄金能值多少钱而已。”

人们通常会将自己所看到的、听到的、感觉到的经验当做真实存在的。对他们而言，所谓的“真实”，只不过是他们将从外面世界里获知的部分信息误以为真，从而构建了他们的认识而已。聪明的犹太人费尔南多正是利用了人们的这一心理特征，引出话题，设计出故事的前半部分，让珠宝店老板西梅尔根据自己开始时提供的信息去进行一些“合理”的推论，从而达到了自己的目的。从这个故事中我们可以引申出一个经济学名词，即“信息不对称”。

信息不对称，是指在社会政治、经济等活动中，一些成员拥有其他成员无法拥有的信息，由此造成信息的不对称能产生交易关系和契约安排的不公平或者市场效率降低等问题。再来说上面的故事，费尔南多掌握的真实信息是“砖头”，而西梅尔所掌握的信息是“黄金”，这就造成了信息的不对称。

在现实的市场经济中，信息不对称的情况较为普遍。其影响之大，以至于降低了市场配置资源的效率，造成占有信息优势的一方在交易中获取了大部分的剩余，故而出现因信息力量对比过于悬殊而导致的利益分配结构严重失衡的情况。

举个经济学中比较经典的例子。假设有一个二手车交易市场，里面的车虽然表面上看起来都差不多，但实际上车的质量却存在很大差别。卖主对自己车的质量是很清楚的，而买主则没法知道车的真实状况。假设汽车的质量由好到坏分布是比较平均的，质量最好的车可以卖到 50 万元，那么，买主会愿意出多少钱买一辆他不清楚质量的车 呢？一般，最正常的出价是 25 万。那么，卖方会同意成交吗？显然，价格 50 万元“好车”的主人是不会将车在这个市场上出售的。这样一 来，整个市场进入恶性循环，直到买车的人发现有一半的车退出市场 后，他们就会判断剩下的车都是中等质量以下的了。于是，买主的出 价就会降到 15 万元，而卖主对此的反应是再次将质量高于 15 万元的 车退出市场。由此下去，市场上的“好车”数量就会越来越少，最终 被车况差的车驱逐出市场。导致这个二手车交易市场的瓦解。在这里，人们通常所作出的都是“逆向选择”，而造成这种现象的原因就在于信息的 不对称。

可以说，信息对称，是供求双方得以等价交换的必要前提。但是在信息极大复杂化的现代社会中，却很难做到这一点，信息不对称已成为无数商家竞争、获取利益的手段。从合作谈判到营销广告，从待人处世到谈婚论嫁，信息不对称的影子到处可见。

在市场经济之中，掌握“信息不对称”的策略，将会为我们带来不可估量的价值，能让我们作出更为理性化的决策。同时还可以让我们避免被他人的假象所迷惑，在谈判等过程中，得以辨伪存真，掌握大局。

纳什均衡——肯德基旁边为何总有麦当劳

在大多城市的街道上，我们会经常见到同一种现象：在商店云集的街道上，大都是人头攒动，门庭若市；而在一些只有一两家商店的街道上，却十分冷清，即使是有人路过，也无人购买。

若是再仔细观察，我们还会发现一个更有意思的现象：往往同类型的商家总是喜欢聚集在一起。比如“安利”“雅芳”往往相依为伴；沃尔玛、家乐福常常隔路而望；肯德基、麦当劳总是紧紧相随……原因是什么呢？这就要引出一个经典的博弈模型了——纳什均衡。

纳什均衡，又称为非合作博弈均衡，是博弈论的一个重要术语。它是由美国数学家纳什提出来的，为一种十分常见、重要的博弈均衡。纳什均衡主要描述的是这样一种均衡：在这一均衡下，每个参与者都确信，当其他人不改变策略时，他此时的策略是最好的。如果某个人单独改变策略，偏离目前的均衡位置，那么他的收入就会降低。纳什均衡状态是市场力量相互作用下的一种稳定局面。

举个例子来说，有一家公司拥有半条街的门面房，平日里这些门面房就用来作为该公司产品销售的店面。可是这几年来公司业务一直不景气，店面也冷清了不少。恰好这条街附近有一个很大的居民区，于是公司只好撤了门店，对外招租。

有一对夫妇率先来到这里租下了一家小店面，没想到生意出奇的好。渐渐地，许多小吃店都聚集到了这条街上，不久，这条街就成了远近闻名的小吃一条街。

见租房的人生意这么好，对外租房的公司便动起了脑筋。公司收回了租出去的全部门面房，撵走了所有在这里经营风味小吃的人，摇身一变，自己经营起小吃生意来。但谁也没料到，仅仅一个月，这条街巷又冷清了起来。许多经常过来的食客，慢慢地也不再来了。公司的效益出奇的差，自己独家做生意的收入竟还没有对外出租的收入高。公司经理百思不得其解，于是便去询问一个德高望重的经济学专家。

专家听了，微笑着问经理："如果你去吃饭，是到一个只有一家餐馆的街上去，还是要到一个有十几家餐馆的街上去？"

经理说："当然是哪里餐馆多，选择余地大，就去哪里了。"专家听了，微微一笑说："那你的公司垄断了整条街的小吃生意，与在同一条街上只有一家餐馆又有什么区别呢？"

经理幡然醒悟：有竞争才会有活力。回去后，他迅速缩减了自己公司的门店，只留下一家店做小吃生意，将其余的门面房全部对外招租。这条街巷的生意逐渐又恢复了往日的红火。

许多人都会把自己的对手视为心腹大患，恨不得除之而后快，却不明白一个强劲的对手会让你时刻都充满危机感，激发出你更加旺盛的精神与斗志。这便是纳什均衡，一个没有对手的局势，永远都无法达到均衡。

再举个肯德基与麦当劳的例子。我们都知道，肯德基与麦当劳在产品的口味和价格上并没有太大的区别。这样一来，消费者对于肯德基或是麦当劳的选择，通常只会看哪一家店比较近，反正口味与价格都差不多，又何必舍近求远呢？那么，如果这时两家店都希望自己能够离消费者更近一些，那么店铺应开在哪里比较合适呢？

现在假设肯德基与麦当劳都想在同一条街上开店铺。一种策略是将整条街从0到1分成4等份。肯德基在街的1/4位置，麦当劳在街的3/4位置，就可以公平地解决这个问题。因为根据这种配置每家店的范围都是1/2，消费者离两家店都是最近的。然而，我们知道商家从来都是以最大限度地赢利为目的，它们又怎么会甘心于这种1/2的划分呢。

因此，在利益的驱动下，两家店都选择了在1/2处开店，不流失任何顾客，于是就凑到了一起。由此我们也可得知，原来双方各占1/4位置的分配不是一种稳定的配置。

我们在开始的时候所说的一些日常生活中大家都熟悉的现象，现在应该清楚原因了。即只关心自己眼前利益的“理性人”假设，且条件许可，同类型的商家将几乎趋向于紧紧相邻，挤在中心点就是唯一稳定的策略和唯一的纳什均衡。这也就是城市商业中心形成的原理，完全可以看作是市场竞争的结果。

肯德基与麦当劳所选择的，就是纳什均衡的位置，在这个位置上谁要是单独移开一点就会丧失这“一点”市场份额，所以谁都不愿意偏离这个市场中心点。因此，从上文我们可以得出：只有两家店铺紧挨在街的中心位置开张才是最稳定的“纳什均衡”，当然，前提是两家都是以追逐利益为目的，这就是经济学上的“理性人”。理性人的特征是利己的，就是想尽办法挤占对方的地盘，最终造成双方“剑拔弩张”挤在中点的局面。

囚徒困境——为何结局不尽如人意

在经济学中有一个经典的悖论，讲的是两个嫌疑犯作案后被警察抓住，分别关在不同的屋子里接受审讯。警察知道两人都有罪，但因为证据不足无法判刑。于是，警察告诉两个人，如果两人都不认罪，各判刑一年；如果两人都坦白承认，各判八年；如果两人中一个坦白而另一个抵赖，坦白的会被释放，抵赖的判十年。

于是，每个囚徒都面临两种选择：坦白或抵赖。然而，不管同伙选择什么，每个囚徒的最佳选择是坦白。因为如果同伙抵赖、自己坦白的话就会被释放，自己不坦白的话判一年，那么，坦白比不坦白好。如果同伙坦白、自己坦白的话判八年，不坦白的话判十年，那么，坦白还是比不坦白好。结果，两个嫌疑犯都选择了坦白，各被判刑八年。

其实，我们都明白，最好的结果是两人都抵赖，各判一年。但是人类的理性其实通常都只是个人的理性，而不能导致集体的理性，所以两个人才会都被判刑八年。聪明的人类常会因自己的聪明而作茧自缚，这就是经典的经济学理论——囚徒困境。

在这个经济学悖论中我们可以得知，个人理性与集体理性之间存在着矛盾，并且个人理性的正确选择还会降低集体的福利。当然，囚徒困境也是可以破解的，这个方法就是无限次博弈，即无限次合作。举个例子来说，比如中东石油输出国组织（简称 OPEC）的成立，该组织成立的目标就是要限制各石油生产国的产量来保持石油价格，以便获取更多的利润。可以说 OPEC 之所以能够成立，各成员国之间之所以能够合作，就是因为它的协议是长期的，合作也是无限次的。如果是一次性博弈的话，或是有限次的博弈，那也就不会成功了。比如在一次性的合作中，每个成员国都不用为下次合作打下良好的基础，所以他们都会抱有这样的想法，只要其他成员不增加产量，我增加一点点产量对价格也不会有什么影响。结果每个国家的产量都增加了一点点，总量也就上去了，最终造成石油价格的大幅下跌，大家的利润都受到损失。当然，一些产量增加较少的国家损失的就更多。再比如，在有限的 5 次合作中，那么在第 5 次博弈中，各成员之间就会采取不合作态度，因为大家都想趁最后一次机会占一次便宜，反正以后也不会合作了。

在理论上，如果合作是无限期的，那么双方都会考虑长远利益，因此，他们的合作是会成功的。但只要合作是有限次的，那合作必定不会成功。基于此，我们也可以说，个人理性无法通过市场达到社会福利的最优，因为每一个参与者都无法确信其他参与者是否能同自己一样遵守市场规则。就像是人们所熟悉的股市，股市的参与人数虽然庞大，但实际上归结起来，却只有多与空、散户与散户、机构与机构之间的双方“博弈”。对于股市中的博弈双方来说，当股市涨到最高点时，无论是对机构还是散户来说，任何一方的最大利益都在于“我卖了而你没卖，我便能获得最大盈利”。

然而，对于双方来说其实还有一种最理想的状态，即“所有人都不卖，把股市推向一个更高点，大家都有更多利润空间。”但现实中结果却大相径庭，因为人们之间无法达成合作，因此才让“囚徒困境”起到了决定性的作用。

前一段时间召开的哥本哈根气候大会，也同样面临着“囚徒困境”局面。因为每个与会方都想得到对自己最有利的结果，但又不能确定别人的最终行动，所以便存在着既想与别人“串通”，又想“出卖”别人的念头。其实道理很浅显，一旦确定了减排目标和规定，从国际贸易方面来看，就为某些大国征收“碳关税”提供了“合法性”。而对一些出口外向型的发展中国家来说，由于技术和成本的限制，根本无法在短期内达到发达国家所“计划”的环保标准。这实际上等于将经济发展主导权拱手相让，任由别人分割自身利益。就是因为一些想竭力减少、转嫁自己所需承担责任的国家，既想串通、又想出卖别人的矛盾想法，才使得当今世界环保行动无法走出“囚徒困境”。

其实，在生活中这种囚徒心理普遍存在，比如职场中的钩心斗角，店家之间的价格战，商场上的背信弃义。其实说到底，就是怕自己吃亏，但结果往往是互相被拉下水，谁也得不到好处。硝烟过后其实并无赢家，很多时候，使自己陷入“囚徒困境”的其实是自己的心态。

要想摆脱“囚徒困境”，一个直接的方法，就是双方都要付出代价，舍去自己不愿失去的东西，犹如壮士断臂，不得不为。只有这样割舍掉自己一部分的利益，尊重、服从于群体的利益，才能真正实现共赢的局面。

懦夫博弈——狭路相逢勇者胜

在电影《天下无贼》中有这样一个场景：刘德华扮演的王薄与盗窃团

伙黎叔手下的一名小弟比谁的胆子大。二人同时站在急速飞驰的火车顶上，而这时火车即将开入隧道。比赛的规则是在火车进入隧道前，谁先躲，谁就算输。可是谁都知道，如果不能及时避开，就会被撞得粉身碎骨。所以，在这场博弈中，要想获胜就一定要在对手闪开之后、火车进入隧道之前躲避，只有在这个间隙中躲避，才能安全顺利地获胜。

这样的博弈被称为"懦夫博弈"，也叫"斗鸡博弈"。据说这个博弈的原始模型是来自一部20世纪50年代的美国电影——《无故的反叛》，情节的设置要求博弈的参与者奈尔和麦克两名车手同时驶向对方，如果一人因为害怕撞车在最后时刻把车转向，那么这个人就会输掉比赛，被视为懦夫；倘若两人都不肯转向，不肯掉头，两车就会相撞，那么，两人都会非死即伤；而如果两人同时将车转向，避免危险发生，那在这个博弈中没有胜利者。这虽然是电影里的情节，但是现实中许多问题却都有它的影子。比如，在单行道上，两辆相向行驶的车狭路相逢，互不相让。从博弈的实质来看，如果双方能采取一种合作态度，至少是部分的合作态度，比如一方主动让道，选择转向，无论如何对结果来说都是有利的。但实际情况往往与理论相去甚远。

在这场斗智斗勇的"懦夫博弈"中，我们怎么样才能毫无损失地成为胜利者呢？这就要求我们懂得"威慑战略"了。所谓"威慑战略"，就是要求我们表现出来势汹汹、义无反顾的样子，以势不可挡的气势震住对方。"狭路相逢勇者胜"指的就是这个意思。当然，威慑战略双方都可以采用。若对方表现得比你还凶猛，你就要权衡利弊了，毕竟与"愣头青"拼命是不值得的。下面这个小故事就很好地说明了"威慑战略"的效果。

日本投降之后，国民党和共产党的矛盾不断升级。在一场血腥激烈的战役之后，幸存下来的两个士兵狭路相逢了。他们都已身心疲惫，伤痕累累，但双方都坚持对峙，目光对着目光，枪口对着枪口。终于，国民党士兵的心理底线崩溃了，扑通一声跪地求饶。当我方战士吃力地夺过对方手中的枪支时，才发现里面根本没有子弹。这时，他也一下子瘫倒在地，晕

过去了，因为他早就已经筋疲力尽。

可见，有没有势不可挡的勇气，有时并不需要真正的较量，只需将其意图传递给对方即可。在很多情况下，博弈都是在比谁更有威慑力。就像我们平时说的："软的怕硬的，硬的怕横的，横的怕不要命的。"

一个满脸尘土、衣着简朴的农民乘坐长途汽车去市里，因为带的东西太多，被人们嘲讽、指责后蜷缩在车尾角落里。车行到半路，突然被一个凶狠的歹徒拦了下来，歹徒用刀顶住司机的脖子，眼见一场抢劫全车乘客的行动就要发生。农民突然气势汹汹地站了起来，大叫一声："住手！"然后写了一张纸条传了过去。歹徒读罢字条，马上变了脸色，竟然迅速下车跑掉了。这时大家都很诧异地问这个农民："你是警察吗？""不是。""你是军人吗？""也不是。""那你怎么这么有本事啊？""说实话，我今天正好带着借来的大笔钱准备给儿子看病，要是被他抢走的话我也只有死路一条了，所以只能铤而走险了。我在纸条上写的是：快滚！我是一个持枪在逃犯，惹火了我就杀了所有人。”

这个小故事就很明白地解释了“横的怕不要命的”的威慑作用。其实，这个方法同样可以用于我们在经济中的博弈。比如在市场经济领域，价格战是竞争最为常见的手段，在价格战初见端倪时，最简单有效的办法就是以快速有力的反击来打败对手。

这也是我们通常所说的“狭路相逢勇者胜”的道理。它同时也告诉我们，在懦夫博弈中，谁畏惧，谁就会失败。只有不失时机、迅速地做出反击，树立一个不计后果、鲁莽的形象，才能在“懦夫博弈”中做一个胜利者。

博傻理论——可以傻，但别做最后一个傻瓜

我们都知道，在投机行为中，只要你不是最后的那个笨蛋，那你就是赢家。在这个过程中，想要赢利，关键是判断“有没有比自己更大的笨蛋”。如果有，那么剩下的只是赚多赚少的问题；如果再没有一个更大的笨蛋愿意出更高的价钱来做你的“下家”，那么你就成了最大的笨蛋。所以，你必须睁大眼睛，可以做笨蛋，但绝不能做最后一个笨蛋。

著名的经济学家凯恩斯为了能够全身心地投入到学术研究中而不被金钱所困扰，曾外出讲课以赚取课时费谋生。但这样的收入毕竟是有限的。于是在1919年8月，他跟朋友借了几千英镑去做远期外汇这种投机生意。之后他仅用了4个月的时间，净赚1万多英镑，这相 当于他10年的课时费收入。但在3个月之后，凯恩斯把赚到的钱和借 来的本金输了个精光。7个月后，凯恩斯再次涉足投机生意，做棉花 期货交易，又大获成功。

凯恩斯几乎把期货品种做了个遍，而且还涉足了股票。直到1937年他“金盆洗手”的时候，已经积攒起常人无法想象的巨额财富。

与其他赌徒不同，对经济学有着较高造诣的凯恩斯在这场投机博弈

中，除了赚取高额的利润之外，最大的收获就是发现了“博傻理论”。那么，什么是“博傻理论”呢？对此，凯恩斯曾举过这样一个例子：在 100 张照片中选出你觉得最漂亮的一张脸，选中的有奖。但确定哪一张脸是最漂亮的，则要由大家投票来决定。

试想一下，如果是你，你会怎样选择呢？通常这时我们都会意识到，因为有大家的参与，所以我们的最正确策略并不是选出自己认为的最漂亮的那张脸，而是猜想大多数人会选谁，然后再投谁一票，哪怕这张脸丑得不堪入目也无妨。所以在这里，你的行为是基于对大众心理的猜测而并非你自己的真实想法。

所以，现在我们要选的不是根据个人最佳判断确定的真正最漂亮的面孔，甚至也不是一般人认为的真正最漂亮的面孔。我们必须作出第三种选择，即运用我们的智慧预测一般人的意见，认为一般人的意见应该是什么。这与谁最漂亮无关，你要做的是预测出其他人会认为谁最漂亮。

“博傻理论”所要揭示的就是投机行为背后的动机，投机行为的关键是判断“有没有比自己更大的笨蛋”，因此，只要自己不是最大的笨蛋，那么自己就一定是赢家。

同样的理论也出现在艺术品拍卖或期货交易中。某些东西的价格之所以被抬得越来越高，高到远远超出其真实价值，原因就在于购买者坚信还会有一个更大的傻子出现，所以，将来一定能以更高价格脱手。

下面举个简单的例子来帮助我们理解。一天，有一个人去古玩市场，这时有位商人向他推销一种钱币，金黄色的，商人告诉他这是金币，要卖 200 元钱。这个人一眼就看出来这是假的，用黄铜伪造的，最多也就值 1 元钱，于是便对这个商人说：“1 元钱的东西，你会花 200 元钱买吗？不过我还是愿意以 10 元钱买下来。”商人看出他是识货的，不敢继续骗下去，最后便以 10 元钱成交了。这个人的老婆知道了这件 事，不禁埋怨道：“你太傻了，明知道只值 1 元钱的东西，你竟然花了 10 元钱买下，这不是傻瓜吗？”这个人说：“我是很傻，但这并不重要，因为我知道肯定会有一

个更大的傻子肯花20元钱把它买走。”过了几天，果然有一个人花了20元钱把这个“金币”买走了。

从这个例子中我们也可以明白：即使自己买贵了也没有关系，只要找到一个比自己更傻的人就成功了。我们之前说的房市和股市同样是这个道理，如果做第一个傻子，那你就是成功的，做第二个傻子也可以尝到甜头，只要别做最后一个傻子就行。

智猪博弈——既要辛苦劳动，也要学会搭便车

在经济学博弈论中有一个经典模型，就是“智猪博弈”。这个理论讲的是，有两头猪生活在同一个猪舍里，一头大猪，一头小猪，共用一个长

食槽。食槽的一头有一个控制猪饲料供应的按钮，只要猪用嘴一拱，食槽的另一侧就会掉下猪饲料。如果有一只猪去启动按钮，那另一只猪就有机会抢先吃到落下的食物。若是小猪去启动按钮，那大猪就会在小猪跑到食槽之前吃光所有的食物；但若是大猪去启动按钮，则还有机会在小猪吃完剩下的食物之前跑到食槽，抢一点残羹吃。那么，两只猪各会采取什么策略呢？结果只可能是一种：小猪舒舒服服地趴在食槽边等食物落下来，而大猪则为一点残羹不知疲倦地往返于按钮和食槽之间。

这是为什么呢？因为对小猪而言，如果自己去启动按钮，结果只有一种，就是一无所获。如果不去，结果就有两种：一是大猪去拱按钮，它可以不劳而获；二是大猪也不去，双方耗到底，大家一起饿死，这与小猪去启动按钮的结果是一样的。所以，小猪一定不会去启动按钮。反过来，对大猪而言，如果小猪去启动那是最好的了，但如果小猪不去，那自己就必须去启动，因为大猪的体力消耗比较快，如果干耗着肯定耗不过小猪。最终，只能是大猪去启动，并跑回来抢一点残羹吃，至少也还算有些收获。

在“智猪博弈”中，大猪没有占优策略，而小猪有占优策略，所以，双方的最佳选择是大猪去启动按钮。这个博弈论中的经典案例，反映出了社会经济中最为常见的现象——搭便车。在经济学里,这头小猪就叫做“搭便车者”。其实，许多人并未读过“智猪博弈”的故事，但在生活中却还是会自觉地使用小猪的策略，也就是“搭便车”，比如股市上等待庄家抬轿的散户们；市场上等待产业中出现具有赢利能力的新产品、继而大举仿制牟取暴利的游资；公司里不创造效益但却分享成果的人等。

在企业团队中，“智猪博弈”的例子也十分常见。因为团队的业绩和利益都是集体的，那么弱者（小猪）即使努力劳动，其换来的团队业绩和利益提高也是有限的，由于有限，难以得到别人的认同，那么弱者就会选择等待、浑水摸鱼。而强者（大猪）为了得到别人的认同和获取更多的利益，只能选择努力劳动来提高集体业绩，而所得的成果又不得不与弱者共同分享。在这种利益均等分配的制度下，有的人 就会像例子中“搭便车”

的小猪一样，发现即使自己偷懒、不劳动，仍然能有东西吃，因为有其他人在努力。而偷懒带来的享受，远远比团队损失对自身造成的损失要实惠得多。这虽然在道德上说不过去，但似乎却是一种理智的行为。所以，要建立高绩效的团队就不能把重点只放在团队整体绩效的管理上，还要重视团队成员的角色匹配和绩效任务的分配，让每一个团队中的成员都能够充分地发挥作用，进而促进整体团队绩效的提高。

在求职应聘时，“智猪博弈论”也时常会存在。国内一所知名大学面向社会公开招聘两名教师，分别负责新闻学和传播学的教学工作。招聘初期，应聘者众多，竞争异常激烈。经过笔试、面试、复试的层层选拔后，有两名教师 A 和 B 顺利入围，并最终定岗。学校规定，新闻学的教师月工资是 8000 元，而传播学的工资是 6500 元（由市场人才的稀缺性决定）。由于两人都有新闻学和传播学的双学位，所以两个人都想从事新闻学教学。现在的情况是，A 的新闻学教学经验优于 B，笔试的成绩也略高于 B，以正常的角度看，A 肯定会顺理成章地从事新闻学的教学工作，A 对此也颇有信心。在和学校交流的时候，A 除了详谈了自己新闻学的教学能力之外，为了证明自己的能力和才华，还谈起了自己传播学的教学经历。此时的 B 采取的竞争策略实在令人费解，他谈完自己新闻学的教学经历之外，就开始否认自己传播学的教学能力，甚至还刻意贬低自己在这方面的修养，并说自己如果教传播学怕是会误人子弟。就这样，结果出人意料，B 顺利地从事了新闻学教学工作，而 A 只能退而求其次地教传播学。

为什么会是这样的结果呢？这就要用“智猪博弈论”来分析了。整个招聘过程，声势浩大、费时费力，最后的两名入选者已经耗费了学校的精力和时间。因此，即使 B 否认了自己很多的能力，学校也不可能再劳师动众地重新招聘了。而由于 B 在传播学上的欠缺，也就只能让他教新闻学了，A 属于两项都能的全才，那么教传播学也无所谓，这样，A 就在无意当中变成了能力全面的大猪，让能力有所欠缺的 B 得到了便宜。

其实这样的例子不仅发生在我们的日常生活中，在国际经济政治中也常见。许多国家的政府是由一个大政党和一个或多个小政党组成的联合政府，一般情况下大政党都愿意扮演支持合作的一方，委曲求全，确保联盟不会瓦解；而小政党则坚持它们自己的特殊要求，而这样的要求通常是过分的，在这种情况下，大政党为了得到民众支持和自身的利益，并避免冲突的发生，就会被迫同意。又比如在北约内部，美国承担了防务开支很大比例的份额，大大便宜了日本和西欧。美国经济学家曼库尔·奥尔森将这一现象形象地称为“小国对大国的剥削”。

大猪奔波忙碌，小猪却不劳而获。“智猪博弈”虽然损害了付出努力的人，侵犯了他们的权益，然而却也符合博弈论的规律，也是一种富有智慧的竞争。因此，我们既要辛勤劳动，也要学会搭便车。

鲶鱼效应——竞争让人富有激情

挪威人特别喜欢吃沙丁鱼，尤其是活鱼。所以，市场上活的沙丁鱼的价钱，要比死了的沙丁鱼价格高出许多。为此，渔民想尽各种办法让沙丁鱼活着返回港口，可是虽然经过种种努力，沙丁鱼还是大 批大批地在中途因窒息而死亡。唯有一条渔船总能让绝大多数的沙丁鱼活着回到港口。对于这点，船长一直严格保守着秘密，直到他去世之后，谜底才被揭开。原来船长在装满沙丁鱼的木桶里放 进了一条以鱼为主要食物的鲶鱼。鲶鱼进入木桶后，由于环境陌生，便四处游动。沙丁鱼见了鲶鱼十分害怕，乱冲乱撞，四处逃窜，加速游动。这样一来，沙丁鱼缺氧的问题就迎刃而解了。这就是著名的“鲶 鱼效应”。

“鲶鱼效应”对于市场经济以及现代企业管理都有着尤为重要的预警作用。如果在市场上出现了一家技术与资金都占有绝对优势的企业，就一定会刺激到该行业内的其他企业，使它们迅速活跃起来，积极参与市场竞争，从而使市场整体更为高效。

同时，“鲶鱼效应”也是激活员工热情最为有效的方法之一。因为，一个组织如果人员长期稳定不变，就会缺乏活力和新鲜感，逐渐产生惰性，没有生机，其后果就是造成组织内部员工的效率低下、人浮于事。这时候，如果向该组织引进所谓的“鲶鱼”，就会有效地刺激和激励组织内部人员的热情。所以，只有增加内部人才竞争度，才会使员工产生危机感，从而提升他们工作的主动性，最终使企业内部形成你争我赶、人人努力的良性竞争氛围，这样一来，整个组织的工作效率和水准都将不断提高。

在这方面，日本的本田汽车公司做得非常出色，值得我们借鉴。本田先生有一次在对欧美企业进行考察时，发现这些企业的员工基本上由三类组成：一是不可或缺的天才，约占二成；二是以公司为家的奋斗型人才，约占六成；三是终日东游西逛，不知进取的蠢材，约占二成。本田先生这时又对比了一下自己的公司，发现在自己的公司中，缺乏进取心和敬业精神的人员也许比这还要多。那么如何增加前两类人，而使第三类人减少呢？如果对第三种类型的人员实行完全淘汰裁员，一方面会受到工会方面和舆论的压力；另一方面，重新招揽新人、重新培养也会使企业蒙受损失。而且，这些人也能完成工作，只是缺乏主动性，如果全部淘汰，显然是行不通的。

后来，本田先生从鲶鱼故事中得到启发，决定全力进行人事方面的改革。他首先从销售部入手，因为销售部经理的行事作风和公司要求的精神相距太远，而且他的甘于现状、不思进取的状态已经严重影响了他的下属。所以，必须找一条“鲶鱼”来，打破销售部维持现状、没有工作热情的沉闷气氛，否则公司的发展将会受到严重影响。经过周密的安排，本田先生终于从其他公司把年仅 35 岁的武太郎挖了过来。武太郎接任本田公司销售部经理之后，凭借自己过人的学识和丰富的市场营销经验，以及先进的理念和工作热情，得到了销售部全体员工的认同，员工的工作热情被极大地调动起来，工作效率不断提升。公司的销售业绩也出现了转机，销售额直线上升，尤其在欧美市场的知名度不断提高。本田先生对武太郎上任以来的努力非常满意，这不仅在于他在工作上的表现，还在于他带领的销售部员工的工作热情和活力不断提升。本田先生为自己有效地利用了“鲶鱼效应”而骄傲。

从此，本田公司每年都会从其他公司里“挖掘”出一些精明能干、思维敏捷、30 岁左右的激进型人才，有时甚至不惜重金聘请常务董事一级的“大鲶鱼”。这样一来，公司上下的“沙丁鱼”都有了触电似的感觉，大家都全身心地投入到工作当中去了，业绩也蒸蒸日上。现在的管理者，一般都懂得利用“鲶鱼效应”来进行管理。不断 从其他公司引进人才，营造一种充满忧患意识的竞争环境，使组织恒 久保持活力，最终实现“引进一个，带动一片”的人才效益。但这样 做却也存在着弊端，因为如果长期从外部引进高端人才，会使内部员工失去晋升的机会和发展的空间，使得他们或者被磨掉锐气，或者离开公司，企业也会慢慢失去生机。

所以，一个企业要真正发挥出“鲶鱼效应”的实质作用，就必须在兼顾企业内部员工利益的同时不断补充新鲜血液，把那些年轻、富有进取精神的人才引到公司的中层管理岗位，给那些习惯懒散、固步自封的人带来竞争压力，借助这些高素质的“鲶鱼”使企业不断发展壮大。

猎鹿博弈——双赢才是最好的结局

启蒙思想家卢梭的著作——《论人类不平等的起源和基础》中有这样一个故事：

在一个村庄里，有两个猎人，靠上山打猎为生。山上主要的猎物只有两种：鹿和兔子。如果两个猎人齐心合作，始终坚守在自己的岗位上，他们就可以共同捕获一头鹿。要是两个猎人分头行动，仅凭一个人的力量，是无法捕到鹿的，但却可以抓到 4 只兔子。从不用挨饿的角度来看，4 只兔子可以供一个人吃 4 天；而如果两个猎人平分一头鹿，那可供每人吃 10 天。也就是说，对于这两个猎人，他们的行为决策，从博弈论的角度分析，就形成这样一个模式：如果分别打兔子，每人可以吃 4 天；如果合作猎鹿，每人可以吃 10 天；如果一个人去抓兔子，另一个人去打鹿，那前者收益为 4，而后者将一无所获，收益为 0。所以，在这个博弈中，结果只可能有两种：要么大家合作打鹿，每人吃 10 天；要么两人分别打兔子，每人吃 4 天。

这就是“猎鹿博弈”，又称“猎鹿模型”、“猎人的帕累托效率”。它所体现的事实是，两人一起去猎鹿的好处远比各自打兔子的好处要大得多。用一个经济学术语来说，就是这样做更符合帕累托最优原则。但是在这个故事中却有一个隐含的假设：两个猎人的贡献和能力都差不多，所以可以均分猎物。但是到了现实中却显然不会这么简单，因为如果一个猎人的贡献大、能力强，他就会要求自己多分配一些，这样分配的结果就可能让另一个猎人觉得利益受损而不愿意合作。合作双赢的道理其实大家都懂，但在实际中很难做到的原因就在于此。

1904 年的夏天，在美国圣路易斯举行世博会期间，有一个制作糕点的小商贩把自己的糕点手推车搬到了会展地点的附近。庆幸的是，政府允许了他在会场附近贩卖他的薄饼。不过很遗憾，由于夏日炎炎，他的薄饼并不能引起别人的兴趣。而旁边一个兜售冰激凌的小商贩却刚好相反，冰激凌卖得非常快，他也忙得不亦乐乎。不过一会儿盛冰激凌的杯碟便不够用了。这时，心胸宽广的糕点商贩将自己的薄饼卷成锥形做杯子用。结果冷的冰激凌和热的薄饼巧妙结合在一起，受到了大家的广泛 欢迎，被誉为“世界博览会的真正明星”，这就是今天已经风靡全球的 蛋筒冰激凌。它的发明也被人们称之为“神来之笔”。

两个小商贩的无意之举却成就了风靡世界的经典。我们是不是也该回头想想，自己是不是错过了很多因合作就可以创造奇迹的机会呢。

目前，大企业的强强联合随处可见，比如日本两大银行的联合、跨国汽车公司的联合等均属“猎鹿博弈”，这种强强联合达到的效果就是资金更加雄厚、生产技术突飞猛进、在世界上占有绝对优势的竞争地位，其所发挥出的影响更是无与伦比。总之，他们将蛋糕做得越大，双方的收益也就越高。就像上海钢铁集团与宝山钢铁公司强强联合一样，因为宝钢有着效益、资金、管理水平、规模等方面的优势，上钢也有着多年的运营经验和生产技术的优势，两个公司实施全面合作，充分发挥各自的优势，发掘出了前所未有的发展潜力，从而形成一个 更大、更有力的团体。

通过以上的例子，我们应该从中体会到，合作才是利益最大化的 武器。许多时候，对手不仅仅是对手，正如矛盾双方可以在一定条件 下转化一样，对手也可以变为盟友。市场经济下商场中不会存在永远 的敌人。作为竞争的参与者，企业要分析清楚自己处于博弈中的哪个 位置，并据此选择最适合自己的策略。 有对手才会有竞争，有竞争才会有发展，才能实现利益的最大化。

合作博弈——犀牛和犀牛鸟的情谊

合作博弈也可以称为正和博弈，主要是指博弈双方的利益都有所增加，又或者说至少是一方的利益增加，而另一方的利益不会受到损害，所以整个社会的利益有所增加。合作博弈采取的是一种合作的方式，也可以说是一种妥协，其所以能够增进妥协双方的利益以及整个社会的利益，就是因为合作博弈能够产生一种合作剩余。这种剩余就是从这种关系和方式中产生出来的，并且以此为限。至于合作剩余在博弈各方之间怎样进行分配，取决于博弈各方的力量对比和技巧运用。所以，妥协必须经过博弈各方的讨价还价，达成共识，进行合作。

在一望无垠的非洲大草原上，生活着一种十分可爱的动物——犀牛。犀牛的性情急躁、格外凶悍、脾气非常大，当它发脾气的时候，即便狮子、大象也都畏它三分。但是它却能容忍一种非常弱小的小动物——犀牛鸟，任它在自己背上蹦跳嬉闹，随意玩耍，它们是形影不离的亲密朋友。尽管犀牛身体大部分皮肤都坚如铁甲，可是褶皱处的皮肤却嫩薄无比，经常遭一些吸血昆虫的侵袭。面对这种情况，尽管犀牛疼痒难忍，但是也无可奈何。这时候，栖息在犀牛身上的犀牛鸟就发挥作用了，那些藏在犀牛皮肤皱褶里的恶虫就是它的美餐。犀牛鸟总是自由自在地在犀牛背上玩耍，有时候还毫不客气地爬到犀牛的嘴巴、鼻尖上，不断地吃掉小虫，把犀牛照顾得舒舒服服，同时它自己也吃得美美的。

与此同时，犀牛鸟借助犀牛利角的保护，也免于遭到鹰等动物的伤害。

不仅如此，尽管犀牛有着敏锐的听觉和嗅觉，但它的眼睛却是天生近视，每当有危险情况发生的时候，犀牛鸟总会给犀牛发出警报，平时看起来傻头傻脑的犀牛马上提高警惕，随时准备着反击或是逃跑。久而久之，它们便建立了非常深厚的感情，互相都离不开彼此了。

上面这一则来自自然界的例子很好地说明了合作的根本。一直保持着合作的关系，并且能识破、惩罚欺骗者和破坏者，这在自然界来说，是必不可少的。同理，这种原则也适用于人类社会，同时也是人类最根本的法则。

动态博弈——海盗如何分配财宝

动态博弈主要是指参与人的行动是有先后顺序之分的，并且行动在后者可以观察到行动在先者的选择，并据此作出相应的选择。

动态博弈的难点在于，在前一刻最优的决策有可能在下一刻就不是最优的了，所以在求解上发生很大的困难。

动态博弈指参与人的行动有先后顺序，不同的参与人在不同时点行动，先行动者的选择影响后行动者的选择空间，后行动者可以观察到先行动者做了什么选择，正是因为如此，为了做最优的行动选择，每个参与人都必须这样思考问题：如果我如此选择，对方将如何应对？如果我是他，我将会如何行动？针对他的应对，什么是我的最优选择？

下面，我们以美国著名的《科学美国人》杂志上发表的一篇名为《凶残海盗的逻辑》为例来说明：

5 个海盗抢到了 100 个金币，他们都想得到这些金币，他们决定按照如下方法进行分配：

首先，抽签决定自己的号码 (1、2、3、4、5)；

其次，先由 1 号提出分配方案，然后 5 个人进行表决，当超过半数的人（含半数的人）同意时，按照他的提案进行分配，否则他将被扔入大海喂鲨鱼；

再次，1 号死后，再由 2 号提出分配方案，然后 4 人进行表决，当超过半数的人（含半数的人）同意的时候，按照他的提案进行分配，否则他也将被扔入大海喂鲨鱼。之后按照这种方法类推。

条件：这 5 个海盗都是绝顶聪明的人，都可以理智地对得失进行判断，继而做出选择。

问题：假如 1 号对这 100 枚金币进行分配，如何才能保证利益最大化，并且保证自己安然无恙，不被丢下海喂鲨鱼？

假如你是 1 号会怎么制定提案呢？均分是大家常见的一种选择，但是它没有满足利益最大化的要求。

思路：

（1）只剩 4、5 号时，4 可以拿走全部。5 毫无办法，所以 5 必须同意 3 的分法，当然前提是 3 要给 5 一点好处。

（2）由上，因为 3 死掉 4 可以拿全部，所以 4 不可能会同意 3，而且在剩 3、4、5 的情况下，3 也不需要 4 的支持。所以 3 给 5 一块金币，自己拿 99 块，4 没有。

（3）4 也知道这一切，所以在剩下 2、3、4、5 的情况下，他必须支持 2，当然，前提也是 2 给他一点好处。同上，2 只需要 4 的支持就够了。所以相比自己死后 4 什么都得不到，2 可以分给 4 一块金币，不给 3、5，自己拿 99 块。

（4）剩下的依此类推可以得出结果。1 所要做的就是给 3 和 5 一些甜头，所以最终的分配方案为：98、0、1、0、1。

我们还可以从上面的故事中逆推出一个案例。

假设路人 A 在路上拾得 100 元钱，这一过程恰好被路人 B 看到。见者有份，于是两个人开始琢磨怎么分配这 100 元钱。我们可以做出一个极端的假设，即：由路人 A 来提出分配方案，也就是说 A 来决定给 B 多少钱。

假如 B 不接受 A 的提议，那么两个人就只能把钱交到警察手中，谁都不能得到。

在这种情况下，路人 A 应该如何来分配这 100 元钱呢？我们不妨先来进行一个假设。

事实上，上面这个例子就是“海盗分宝”的简化，也就是说，路人 A 和路人 B 就相当于上面例子中的两个海盗在分金币。说到这里，想必智慧的您一定已经猜出答案来了吧？

不过，在我们的生活中，实验经济学和博弈论的专家们曾经做过许多试验，这种试验最早开始于德国，后来又流传到美国、欧洲以及以色列、日本、东南亚等国家，其中提出给路人 B 40~50 元的人占据了受试者的 40% 到 60%；另外有一半的人提出双方应平均分这 100 元钱，另外有不到 30% 的人则提出非常不平均的分配方案，这样的方案被对方拒绝的概率非常高。人们总是认为，这是因为给路人 B 的比例太少造成的。

直到 2002 年的时候，诺贝尔经济学奖的获得者弗依・史密斯做了一个实验：在美国以每次 100 美元对实验者进行刺激，在印度尼西亚则以每次 20 万卢比（相当于参加实验者 3 个月的工资）、4 万卢比、和 5000 卢比对受试者进行刺激，得到的结果是支持公平的分配方案。这就说明了，人们在现实生活中进行决策并不只是出于经济上的动机，更多的还是考虑对方行为的目的。

人类会产生有恩报恩、有仇报怨的念头。对于善待我们的人，我们总会不计代价的回报他们；对于那些亏待我们的人，我们也会牺牲自己的利益去对其进行报复。在这种情况下，不平均的分配方案理所当然就被拒绝了。

混合策略——警察与小偷之间的“周旋”

在信息博弈中，假如在每个给定信息下只能有一种特定策略供选择，那么这个策略就是纯策略。假如在每个给定信息下只以某种概率选择不同策略，就是混合策略。混合策略是纯策略在空间上的概率分布，纯策略则是混合策略的特例。纯策略的收益可以用效用表示，混合策略的收益只能以预期效用表示。

有这样一个故事：

在美国的一个小镇子里有一名警察，他的职责就是对整个镇的治安进行管理。我们可以进行如下假设：在这个镇子上有一家小酒馆，和这个小酒馆遥遥相望的另一面有一家银行。再假设这个小镇子上只有一个小偷。因为人员有限，警察一次只能前往一个地方巡逻；小偷也只能选择到警察不巡逻的另一个地方活动。假如警察选择了小偷活动的地方巡逻，就可以把小偷抓住；但是假如小偷选择了没有警察巡逻的地方作案，就可以偷窃成功。假如在银行可以偷窃到 2 万元，酒馆是 1 万元。警察应该如何巡逻才能更好地保护银行和酒馆的财产呢？

我们经常见到的，同时也是较容易被警察采纳，并且在我们的生活中也很常见的一种做法，就是警察对银行进行巡逻。这样一来，警察便可以很好地保护 2 万元的财产不被小偷侵害。换个角度想想，要是小偷到了酒馆那一头作案，偷窃行动就一定会成功。以上这种做法是警察最好的选择吗？答案当然是否定的。那么，还有更好的办法吗？

当然了，我们完全可以利用博弈论的知识对以上策略进行改进。

警察可以利用的一个最好的策略，就是采用抽签的方式决定是到银行还是到酒馆巡逻。银行需要保护的财产是酒馆的两倍，我们可以用两个签来代表，例如，抽到①、②号签到银行巡逻，抽到③号签的时候则到酒馆去。这样一来，警察便有 2/3 的机会到银行巡逻，1/3 的机会到酒馆。

但是这种情况之下，小偷还可以制定出一个最优的策略：小偷一样可以利用抽签的办法来决定今天是到银行还是酒馆作案，和警察不同之处在于：抽到①、②号签的时候就到酒馆，抽到③号签的时候到银行。在这种情况下，小偷有 1/3 的机会在银行作案成功，2/3 的机会能偷到酒馆的财物。

警察和小偷之间的博弈，正是利用了混合策略的思路。

还有一种更为形象的例子就是“剪刀、石头、布”的游戏。在这个游戏当中，纯策略均衡是不存在的。对每个玩这个游戏的孩子来说，出“石头”“布”还是“剪刀”的策略是随机的,不可以让对方猜想到自己的策略，哪怕是策略倾向性。万一对方知道自己准备出哪个的策略可能性偏大的时候，那么在游戏中输掉的机会也就增多了。

另外一种较为常见的混合策略样板是猜硬币游戏。例如，在一场篮球比赛开始之前，裁判将手中的硬币抛向空中，让双方队长来猜手里的硬币究竟是正面还是反面。因为硬币产生正面或者反面都是随机的，概率都是50%。那么，参与猜硬币游戏的双方选择正面或者反面的概率都是 50%，这时候博弈达到混合策略纳什均衡（非合作博弈均衡）。

上面所说的博弈类型和囚徒困境博弈的案例还是存在很大差异的，也就是不存在纯策略纳什均衡点，有的只是混合策略均衡点。在这一均衡点之下进行的策略选择对于每个参与者来说都是最优(混合)策略选择。

站在警察或者小偷的角度上来计算最佳混合策略，会发现一个比较有趣的共同点，即他们两个的成功都是相同的。也就是说，在警察采用自己的最佳混合策略的时候，可以把小偷的成功概率 (5/9，收益为 2×1/9+1×4/9=6/9) 带到对方采用自己最佳的策略的时候所达到的成功概率 (4/9，收益为 2×2/9+1×2/9=6/9)。

这种情况并不是巧合，而是所有利益严格对立的博弈具有的一个共同点。这一结果我们称之为“最大最小策略”，是由数学家冯·诺伊曼发现的。这一理论指出，在二人零和博弈中。参与者的利益严格相反（一人所得等于另一人所失），每个参与者尽量使对手的最大收益最小化，而他的对手则努力使自己的最小收益最大化。他们这样做的时候，会出现一个令人惊讶的结果，即最大收益的最小值（最小最大收益）等于最小收益的最大值（最大最小收益）。双方都没办法改善自己的收益，因此这些策略形成这个博弈的一个均衡。最大最小策略的证明相当复杂，不过，其结论却很实用。假如你想知道的只不过是一个选手之得或者另一个选手之失，你只要计算其中一个选手的最佳混合策略并得出结果就行了。

几乎全部的混合策略的均衡都有一个相同点：每个参与者对自己的任何具体策略都表现出满不在乎的感觉。当有必要采用混合策略的时候，首先应该做的是找到策略的方法，也就是说要让对方感觉他们的任何策略对你下一步的选择都没有任何影响。

这听起来貌似是向着混沌无为方向的一种倒退，事实上真实情况并不是我们看见的这样。因为它正好符合“零和博弈”的随机化动机：首先，一定要发现对手行为的规律，并且据此采取相应行动。要是他们的确更倾向于采取某一种特殊的行动，这也仅仅表示他们选择的是最不好的一种策略。相反，也应该避免一切会被对方占先机的模式，把自己的最佳混合策略进行到底。

因此，采取混合或者随机策略，并不等同于毫无策略地“胡来”，这里面依然有很强的策略性。其基本要点就是，运用偶然性防止别人发现你的规律并占你的便宜。

拍卖博弈——机制与策略哪个更重要

随着人们对信息不对称、博弈论的深入了解，经济学家们发现，在很多情况下，人们会本能地采取撒谎、隐藏或者策略性的行为，做出一些违反本性的事情。随着拍卖的进行，越来越多的经济学家意识到，比拍卖策略更为重要的是拍卖的机制。

我们可以通过下面的事例来详细地了解。

旅行者甲和乙在一个以出产瓷器的著名地区游览，他们各买了一个瓷花瓶，坐飞机的时候办理了托运。提取行李的时候，发现花瓶碎了。于是他们向航空公司索赔。航空公司估计花瓶的价格在 1000 元左右，但不知道这两位旅客购买的准确价格。航空公司要求两位旅客在 1000 元以内自己写下花瓶价格。若两人写的相同，说明他们说了真话，就照他们写的数额赔偿；如果两人写的不一样，那就认定写得低的旅客讲的是真话，按这个低的价格赔偿，并对讲真话的旅客奖励 100 元钱，对讲假话的旅客罚款 100 元。如果两人都写 1000 元，他们都会奖得 100 元。

甲想，假设乙写的是 1000 元，自己写 990 元，则自己会获得 1090 元；而乙想，若甲写的是 990 元，他自己写 980 元比写 1000 元好，因为这样自己获 1080 元,而自己若写 1000 元,当甲写 990 元的时候,自己却只获 890 元。

如果读者有兴趣，还可以做一个实验：选择几个人，让这几个人都猜一个数字，这个数字必须是 1 或 100 之间的整数。条件是谁最接近所有实验者的所猜数字平均值的 1/3，谁就可以得到 100 块钱。

这个时候，每一个人都会想:如果一开始其他人都是随机地选择数字，50 就会是所有人的猜测。这个时候,猜 50 的 1/3 也就是大约 17 可能会赢。然而，每一个人都会猜到 17 这个数字的时候，大家就会猜测 17 的 1/3，也就是 6 左右。依此类推，这个游戏中的每一个人最终猜测的结果是唯一最小的数字，那就是 1。

然而，上面所讲的故事都只是博弈中一种最佳的情况，在现实中，我们的理性是有限的，所以不可能完全做到这一点。正是因为如此，在生活中，越来越多的事情需要我们懂得博弈内在的机制。

什么样的机制能够使人们说出真话？我们该构造什么样的拍卖形式，使得这个博弈的结果就是人们的目标？近年来，经济学家在这方面取得了很大的突破，对机制设计具有深远意义。

至今为止，拍卖机制主要有四种：英国式拍卖、荷兰式拍卖、第一价格拍卖和第二价格拍卖。

英国式拍卖亦称增价拍卖，是最普通的一种拍卖方式，它是指拍卖标的的竞价由低向高依次递增直到以最高价（达到或超过底价）击槌成交的一种拍卖。简单地说，就是谁出价高谁获胜。拍卖前，卖家可设定保底价，当最高竞价低于保底价时，卖家有权不出售此拍卖品。当然，卖家亦可设定无保底价，此时，到达拍卖截止时间时，最高竞价者成为买受人。

网上英式拍卖与传统英式拍卖有所区别。传统拍卖对每件拍卖品来说，不需要事先确定拍卖时间，一般数分钟即可结束拍卖；而对于网上拍卖来说，则需要事先确定拍卖的起止时间，一般是数天或数周。例如，在 eBay 拍卖站点，拍卖的持续时间一般是一周。由于网上拍卖的持续时间较长，这使得许多网上竞买人具有“狙击”情况，即直到拍卖结束前的最后数分钟才开始出价，试图提交一个能击败所有其他竞买人的出价，并使得其他竞买人没有时间进行狙击。应对在拍卖的最后时刻出价的一种方式是在固定的时期内增加扩展期。例如，扩展期设定为五分钟，这意味着如果在最后五分内有出价，则拍卖的关闭时间自动延长五分钟。这一过程一直持续下去，直到五分钟以内没有出价，拍卖才终止。这种方式有效地解决了“狙击”现象。另一种方式是实施“代理竞价”机制。eBay 网站解释它的代理系统为：“每一个竞买人都有一个代理帮助出价，竞买人只需告诉代理希望为该物品支付的最高价格，代理会自动出价，直到达到最高价格。”

英式拍卖的缺点也是十分明显的。既然最后的竞买人所出的价格只需比前一个最高价高出很少的部分，这么一来，每个竞买人都不愿立刻按照自己的预估价出价。另外，竞买人要承担一定的风险，他随时都会被令人兴奋的竞价过程吸引，而事实上出价早就超出了预估价．这种心理现象称为“赢者诅咒”。

荷兰式拍卖称为减价拍卖，指的是拍卖标的的竞价由高到低依递减直到第一个竞买人应价（达到或超过底价）时击槌成交的一种拍卖方式。相较于英国式拍卖，荷兰式拍卖有其突出的特点与优势。大多情况下，荷兰式拍卖带有明显的混合性，即将增价和减价拍卖相互衔接，交替进行。在荷兰式拍卖出现两个以上应价人时，立即转入增价拍卖，此后竞相加价过程一直持续到无人再加价为止，最后一位加价的竞买人购买成功。荷兰式拍卖往往也是很迅速的，可能第一个人就买走了所有物品。虽然是“无声拍卖”，竞买人之间还是有激烈的竞争。如不及时竞买，别人可能把所有物品买走，或者买走品质最好的那一部分。

荷兰式拍卖最早开始于荷兰，传说这种拍卖的产生和郁金香的交易有关。采摘郁金香的时节，农场主通常根据行情制订一个开叫价，比如开叫 2 美元 1 枝的鲜花，一旦有买家应 2 美元就会得到，如果无人应价，农场主则会降价 2 美分，则最早回应 198 美分的买家拍得，以此类推，直到卖出为止。这种拍卖方式一般应用于鲜活商品、农产品拍卖，旨在促进产品的流通。

第一价格拍卖，指的就是密封拍卖。每个竞标者把自己出的价格写在封闭的信封或者电标标书中，在众多出价者中，最高的竞买者将获得商品，并且支付标书中的价格。

第二价格拍卖，就是通常我们说的维克瑞拍卖。即出价最高的人最后获得物品。这就允许竞买者按照他们的估价出价，假如其他竞买者的估价低于最高出价，受买人就能获得一定的收益。

易趣拍卖网产生于电子商务最为繁荣的时期。它的出现正是该时期最成功、最具创新性和代表性的一种拍卖方式。假如你在其他拍卖网上发现了一件心仪的物品，你愿意支付 500 元，但目前的出价是 300 元，那么，你需要坐在计算机前耐心地等待一次次出价，直到达到 500 元。幸运的是，参加易趣网的拍卖就简单多了：参加竞拍的人可以在拍卖窗口输入最高出价，易趣网会根据这个最高价格私下帮你出价，这样一来，竞拍者就不用一直关注拍卖的进行了。假如竞买者的出价高于你所愿意支付的最高价格，你就不能得到这一物品。但是假如其竞买者的最高出价比你所愿意支付的最高价格要低，那么物品就归你了。所以，易趣拍卖网采用的是典型的第二价格拍卖方式。

投票博弈——少数服从多数就是民主吗

说到投票的时候,我们首先想到的可能是选举的时候进行的投票活动吧!

小到干部的考核，大到一个国家领导人的选举，都要经过投票来进行。在我们的生活中，投票处处可见。读书的时候，你有没有过这样的经历，大家投票来决定买一样宿舍里公用的东西，例如大家一起买一个饮水机；湖南卫视的“快男选秀”之时，您有没有投上您宝贵的一票？可是关于博弈，里面所蕴含的知识并不是大家想象得那么简单。下面，我们先来看这样一个例子。

一个国家选举总统，候选人有 3 位，分别是甲、乙、丙。其中，甲、丙分别是两个持有截然相反观点的党派或者团体推举的候选人，乙为中立的候选人。

假设一共有 3000 人参加投票，其中三派的力量对比是 13 : 9 : 8，其真实态度是：

（1）1300 人认为甲最好，乙其次，丙最次；

（2）400 人认为乙最好，丙其次，甲最次；

（3）500 人认为乙最好，甲其次，丙最次；

（4）800 人认为丙最好，乙其次，甲最次。

现在有个投票委员会制订投票规则，分别是 borda 法则（即排序式的投票方式）和取舍表决方法。

首先，我们来看一下，采用取舍表决方法的时候会产生怎样的情况：

（1）第 1 轮投票，甲得 1300 票，乙得 900 票，丙得 800 票，丙则惨遭淘汰。

（2）这时候，进入第 2 轮，甲得 1300 票，乙得 1700 票，按照常理，乙是众望所归、理所当然的胜出者。

然而，如果候选人甲的 1300 人支持者是经过严密组织的，还在事先通过调查已经了解到乙和丙的支持者大概人数。甲这时候只要让自己支持者中的 200 人在第 1 轮投票中，转而投丙的票，第 1 轮票数比例变成了 11：9：10，乙就会在第 1 轮被淘汰；很自然，进入第 2 轮后，甲的票数将为 1800 票，丙得票 1200 票，通过这种合法手段，甲候选人顺利当选。

当委员会采用 borda 法则时（以 0 票、1 票、2 票来记，最次、其次、最好），情况则是：甲得票总数为 1300×2+500×1=3100，乙得票总数为 900×2+2100×1=3900，丙得票总数为 800×2+400×1=2000，可见，候选人乙依然当选。

实际上，即便采用 borda 法则，甲候选人仍然有办法可以改变竞选的最终结果。

甲只要让支持自己的 1300 人中的 1000 人谎报其偏好顺序就可以了，也就是这 1000 人转而认为甲最好，丙其次，而乙最次。其余的 300 人仍然保持甲最好、乙其次、丙最次的顺序不变。这个时候，甲的总得票数为 3100，乙为 2000，丙为 3000，很显然，候选人甲通过操纵选票仍然可以当选。这种情况，便是选举中的个体谎报偏好，使其所属集团获利。

苏联在最后的岁月里，也曾就或“联”或“散”问题搞过一次全民公决。公决的结果是约 75% 的公民主张维护苏联的统一。

然而，在除了俄罗斯以外的十几个加盟共和国内部，其各自的全民公决结果却是至少有 80% 以上的公民赞成本共和国从联盟中独立出来。其最终的结果我们大家都看见了：苏联一分而成 15 个独立共和国。这个结果很难说是公平或者不公平。

由此看来，民主投票不能得出唯一的结果，其选举结果取决于民主投票的程序安排以及每次确定的候选人数量，即投票规则。不同的投票规则将得出不同的选举结果。这就是说，民主投票有内在的缺陷。

令人难以置信的是，形式上的民主在一些情况下居然可以转化为独裁！

我们来看下面这个案例。

假设有一个原始部落，总共有 100 个猎人，部落规定每次这些猎人打猎回来，都要把所有的猎物带回部落平均分配。年复一年，日复一日，多少年多少代都是如此。

设想某个年代，其中一个猎人富有政治头脑，并具有与生俱来的领袖气质与领导才能。他采用各种方法，拉拢了 50 个人，组成一个利益集团，并和剩下的 49 个人协商，要求进行投票以确定每个猎人的打猎技术高低，以此确定猎物每个人各分多少。很自然地，以 51：49 的过半数原则，剩下的 49 人分到的自然很少，不妨假设猎物的 95% 被 51 人的集团平均分享。

这个猎人当然不会就此满足，他仍然采用同样的投票表决方法，又组成了 26 人的小集团，重新分配这 95% 的猎物。

如果这被排挤的 25 人中胆敢有人表示不满，这个富有谋略的猎人就可以威胁冒犯者：如果不满意就通过投票让他得到的猎物更少（当然也是投票操纵，26 人集团当然支持，而被排挤的剩下的那 24 人可以被告知他们可以投票分享这个冒犯者的应得猎物，自然他们也会持支持态度）。

在这种情况下，这 25 个人都屈服了这种分配的状况，结果猎物的绝大部分被这 26 人的联盟分享。依此类推，26 人转化为 14 人……最终的结果居然变成了极少数人甚至是这个领导者占有猎物的绝大部分。

在这种情况下，这个领导者就能够用手中的猎物当诱饵来招募武士保卫自己的特权地位，拥有这样的特权，领导者可以得到更多的猎物，有了更多的猎物就能够再招募更多的武士来维护自己的特权。

所以，这就形成了一个正反馈系统，两个因素之间相互不断加强，这种独裁专制的系统一直循环到这些猎人可以维持基本生计为止。大家可以看到，最不可思议的事情发生了，那就是民主投票选出了希特勒、墨索里尼式的大独裁者。

事实上，就算没有这些作弊方法，民主投票也不一定就是灵丹妙药。美国的大选，选来选去，总是在共和党、民主党这两个大党之间进行选择。

归根到底，美国的这两大党派并不像有些国家的政敌那样存有根深蒂固的矛盾与分歧，两大政党之间的根本理想与主张是颇为接近的。这样，大量选民在选举的时候总是徘徊在两党候选人之间，通常是很少的一点偏差就改变了选举的结果。

爱情博弈——为何产生“剩女族”

寻找另一半的时候就好像走进了一个大花园，一路上有很多花朵向我们招手，这时候人们总是不知道摘取哪一朵，免不了产生犹豫、彷徨、难过或者伤心。可是，即便是人们再花心，也要从中选择一朵来陪伴自己接下来的旅程。话说回来，并不排除中间有少部分人会在接下来的实践中不断变换自己的另一半。对于某个人来说，该如何在众多追求者中选择最合适自己的另一半，是关乎一生幸福的大事。因此，选择另一半是一件至关重要的事情。

我们的一生，与自己的另一半从相识、约会、相恋、结婚到厮守一生，每一个步骤都充满了博弈，学会分析其中蕴含的博弈之道，或许就能对我们自己有更加深刻的了解，我们不妨就先从约会开始研究一下其中所蕴含的博弈之道吧。

在电影《美丽心灵》里面有这样一个情节：

一天，纳什和同学与一位金发女郎不期而遇，同学们对是否应该追这个女孩展开了一些讨论。正是这个问题激发了纳什的灵感，从而有了著名的“金发女郎”问题：在一间酒吧里有 2 位以上的男性，还有几位韵味难挡的女士，她们中间只有一位女士是金发女郎；和其他女士相比较而言，男士们的好感会更倾向于金发女郎。假如在场的所有男士都去追求这位金发女郎，他们遭遇的不仅仅是被拒绝，还会让其他在场的女士产生反感，这样做只有一个结果，就是在场的所有男士都找不到自己心仪的女伴，这也是最糟糕的结果。在这种情况下，纳什提出了自己的建议：所有男士都将眼中的金发女郎彻底忘记，追求其他女士，这样一来，男士们都不至于空手而归。

关于上面的问题，纳什所提出的建议并不是最好的，因为所有人都没有追求到梦寐以求的金发女郎，没有得到首选的目标，人们是不会对这样的结果感到满意的。不过，假如大家都贸然地去追求这位金发女郎，那么最终只能面临更大的风险。这种博弈正好能够解释为何现代社会多“剩女”的原因：女士越是漂亮，就越能够吸引来更多的追求者，每个男士都会想可能会有很多人追求这位漂亮的美女，这样一来，自己被拒绝的概率就大大增加，空手而归也就在所难免了，倒不如退而求其次，去追求那些自己把握比较大的女士。

另外，有关恋爱博弈有一个著名的“麦穗理论”。它源于这样一个故事：

苏格拉底是古希腊著名的哲学家。他的三个弟子曾经向他求教，如何才能找到合适的伴侣。对于这个问题，苏格拉底并没有直接给出答案，而是将自己的三个学生带到了一块麦田前面，他告诉自己的学生们，只能向前走，不可以后退，并且只有一次机会选择一支最大的麦穗。

第一个弟子刚刚向前走了几步，就看见了一支又大又漂亮的麦穗，欣喜地摘下了。可是当他继续前进的时候，发现在前面还有许多比他摘的那支大的麦穗，无奈，第一个学生只能遗憾地走完了全程。

第二个弟子接受了上一个同学的教训，每当他要摘的时候，总是在心中默默地提醒自己,更好的还在后面等着呢。当他快到终点的时候才发现，机会已经都被他错过了。

第三个弟子吸取了前面两个人的教训，当他走到三分之一路程的时候，就把大、中、小三种麦穗进行了分类，再走三分之一的路程来验证自己的想法是不是正确，当他走最后三分之一的时候，他选择了属于大类中的一支美丽的麦穗。尽管他选的这支不一定是最大、最美的，可是他满意地走完了全程。

上面的故事转化为恋爱博弈，可以说寻找另一半的时候就好像走进了一个麦田。我们不妨根据上面的故事进行这样的假设：

有 20 个合适的单身男子想追求同一个女孩，现在，这个女孩的任务就是在这 20 个单身男士中选择最合适的一位作为结婚对象。从 20 个人里面挑选出一个最合适的人并不是一件简单的事情，那么，这个女孩究竟该如何做才能得到令人满意的结果呢？

显然，最好的方法就是和这 20 个人都一一接触，具体地了解每个人的情况，在初步地了解之后进行对比和筛选，找出最适合自己的，这里说的最适合不一定是最优秀的，我们每个人的精力是有限的，和每一个人交往来感知的办法显然是不现实的。我们还可以来假设一些更为严格的筛选条件：假如跟每一位男士只约会一次，而且只有一次机会来选择放弃或接受，选中结婚对象之后就失去了再约会别人的机会。在这种情况下，最好的选择方法是否存在呢？

事实上最佳的方式还是存在的。当然，不可否认的是其中还有运气的成分。我们可以用模型来模拟实战一下。很明显，第一个遇到的人是不应该选择的，因为第一个人适合你的概率只有 1/20。这个概率能寻找到合适对象的机会是非常渺茫的，直接把全部筹码都放在第一个人身上，可能是最糟的赌注。按照这个道理，后面的人也一样，每个人的概率都只有 1/20。我们可以把所有追求者分组，例如分成 5 组，每组中 4 个人，首先在第一组中，和每一个男性都约会，但是并不选择其中的人作为另一半，也就是说，即便他再完美、再优秀都要选择放弃。这是因为，最合适的对象存在于第一组中的概率不过 1/5。假如以后遇到比这组人中更好的对象，就嫁给这个人。在我们的现实生活中，人们通常都是这样进行选择，即将之前恋爱经验的总结作为对后来者评价和判断的基础。

上面这种方法和“麦穗理论”比较类似，尽管它并不能保证选出来的是最饱满最美丽的一支，可是却可以选出属于最大而比较美丽的麦穗。

第5章　别被商家“忽悠”了

——让你理性驾驭金钱的消费经济学

示范效应——盲从消费的根源在哪里

在日常生活中，我们在认识和处理自己的消费行为时，总会不自觉地和身边的人比较，这时，别人对你的影响就被称为示范效应。下面举个简单的列子来帮我们 更好地理解一下。 一次，高丽与王敏一起去北京出差。王敏是一位个性活泼开朗的 女孩，喜欢时尚，追逐潮流。和王敏在一起，高丽感觉到这次出差有 趣了不少，不像以前那么枯燥了。在办完公事之后，二人还相约去商场购物，其间王敏花钱的阔绰也让高丽有了不小的触动。

平时高丽是比较节俭的，虽然偶尔也会买一些中档价位的衣服，但也不会超过 500 元，买护肤品也是挑二线产品，经济实惠，质量也相对不错。可是，这次出来通过和王敏接触，高丽不由得自愧不如。两个人同样的工资，可是王敏却可以出手那么阔绰，一千多的化妆品眼睛都不眨一下就买下来了，手里还经常变换着各种名牌皮包，她还动员高丽一起“血拼”。其实，这些名牌远远超过了高丽的承受范围。但高丽觉得王敏毕竟是刚进公司的新同事，而且两个人的收入也差不多，要是太寒酸一定会被人笑话。出于这种心理，高丽最后也放开胆子用一个月的薪水买了一只名牌皮包。

可是买完之后高丽就后悔了，她和王敏不一样。王敏还属于快乐的单身族，毫无负担，而自己已经结婚了，每个月还要和丈夫一起还房贷。这个手提包一下子就花掉了自己一个月的收入，想起下个月银行的贷款就头疼。

其实，这还不算什么。偶尔买一次奢侈品也不是什么大事，但对于高丽来说，更别扭的是，王敏的消费状态对自己造成了不小的冲击，自己虽然结婚了，可和王敏的年纪也差不多，也不老啊，可自己就要这样省吃俭用，人家却可以快乐地享受生活。于是。女性之间的攀比心理就出现了。

从上面我们也可以看出，人们的消费习惯不但受收入水平的影响，而且还受身边人的影响，这就是示范效应。

示范效应最早是心理学家对人们的行为活动研究之后所作出的总结，并广泛应用于经济学领域，尤其是人类的消费行为。医为有“好”的榜样和“坏”的榜样之分，所以，示范效应往往是双向的。从动态上看，示范效应最终会使少数成为主流。那么，为什么会出现这种少数服从多数的状态呢？

说来非常有意思，在加利福尼亚有两家海鲜餐馆，诺贝尔经济学奖获得者伯克尔和他的太太经常去光顾，而她的太太有个奇怪的行为，就是在两家餐馆中，她总是选择人多的那一家。但在伯克尔看来，两家餐馆的口味完全一样，唯一的差别就是一家人多，一家人少。这也就是我们前面所说的示范效应。

在市场经济的背景下，特别是在商品供应比较丰富的情况下，消费的示范效应表现得越来越明显，对市场供求关系的影响也越来越大。就像是有人看到别人穿的衣服漂亮，不管自己穿起来怎么样，也要想尽办法买一件。这就是为什么商家要不惜重金聘请“明星”做广告的 缘故。

在经济发达的现代社会，示范效应潜移默化地影响着人们的生活以及消费习惯。当人们看到身边的人购买高档消费品时，尽管自己的收入有限，也可能仿效他人增加自己的消费开支。这也就是人们常有的攀比心理，看到别人有什么东西，自己就有想要得到的冲动。而这种心理往往会被商家利用，成为其赚钱的工具。

晕轮效应——不要被美丽的月晕所迷惑

晕轮效应又称光环效应，是由美国著名心理学家爱德华·桑戴克于20 世纪 20 年代提出的。在他看来，人们对人和事物的认知、判断往往只从局部出发并扩散，因而所得出的整体印象常常以偏概全。一个人如果被标明是好人，他就会被一种积极肯定的光环笼罩着，并被赋予一切都好的品质；如果被标明是坏人，那他就被一种消极否定的光环所笼罩，并被认为具有各种坏品质。这就好像刮风前夜月亮周围出现的月晕一样，其实，月晕只不过是月光的扩大化而已。

对此，许多人都深有体会，当我们看到某个当红明星在媒体上爆出一些丑闻时总是很吃惊。而事实上我们眼中的这个明星的完美形象，根本就是他在银幕和媒体上展现给我们看的那圈“月晕”，他的真实人格是我们不得而知的，我们仅仅是根据他时尚健康的外表主观判断的。

俄国著名大文豪普希金，就曾因“晕轮效应”而吃了大苦头。他狂热地爱上了“莫斯科第一美人”娜塔利娅，并自以为幸福地和她结了婚。娜塔利娅的确美丽非凡，但却与普希金在思想上没有共鸣。每当普希金把写好的诗读给她听时，她总是捂着耳朵烦躁地说:“不要听！不要听！”相反，她总是要普希金陪她游玩，出席一些豪华的宴会、舞会。普希金为此不仅丢下了文学创作、弄得债台高筑，最后还为她决斗而死，一颗文坛巨星就这样过早地陨落了。这个悲剧便是“晕轮效应”最为典型的一个例子了。

同样，对于商家来说，如果能充分地满足消费者潜在的“晕轮欲”，那必然会增加自己的销售额。现实生活中就有很多这样的事例，比如走进礼品商场的消费者，他们所挑选的，多是包装精美、价格较高的物品。这样的礼品便足以产生“晕轮效应”，因为人们总是认为包装精美、价格偏高的物品会"表里如一"。我国不少质量不错的商品，被境外商家低价买走后，重新变换产品的商标和包装，售价马上就翻了好几倍。这些其实都是"晕轮效应"在作怪。

消费者们对商品的"晕轮效应"既无意识又非常固执。正是因为固执，商家才找到了可以借来利用的细节，比如说讲究门面装修、追求灯光颜色的效果、在包装上要求精美等。

因此，正确把握"晕轮效应"，避免以偏概全、对事物的认知上产生偏颇，对于我们的人生来说有重要意义。

广告——无孔不入的信息轰炸

广告一直以来都被认作企业进入市场的入场券。一个美国商人曾形象地说：商品如果不做广告就犹如女人在一间漆黑无比的屋子里向她的情人抛媚眼。的确，再物美价廉的商品，如果不能被消费者了解，那么它也不会被社会认可。

广告，从概念上讲是为了某种特定的需要，通过一定形式的媒体，公开、广泛地向公众传递信息的宣传手段。简单来说，就是想办法把有关商品的正面信息传递给消费者，呼唤消费者们把口袋中的钱掏出来买东西。不管从哪方面看，广告都是一种经济行为，都可以用经济学的原理来加以分析。

就目前的经济环境来看，可以说，假如没有广告，钻石再便宜也卖不出去；广告做得好，用报纸包一个石头，也可能卖个好价钱。在这方面，有一个小故事流传甚广：分隔德国的柏林墙倒塌的时候，遗留下一大堆垃圾。如果请来人清理，需要花费一大笔钱。有一个德国商人突发奇想，花了一小笔钱就包下了所有的废墟，他是派人把柏林墙的断壁残垣都敲打零碎了，用透明的包装袋塑封起来，做成钥匙扣、城徽等各种各样的纪念品，紧接着大做广告，标语就是“把柏林墙搬回家”。如此一来，生意做得红红火火。可见，广告的魅力足可以让垃圾变成宝贝。

在当今这个广告铺天盖地的时代，简简单单地广而告之是远远不够的，广告还要把握在不同的情况下消费者所处经济状况和所关心的问题的变化，抓住要点、搔到痒处，才能使消费者更愿意接受。

举个例子来说，在 1996 年，克林顿谋求连任美国总统时，桃色新闻让他大受困扰。这时，他的智囊团请了一家顾问公司来做策划，最后由美国著名的广告公司提出选案，并在黄金时间播出。于是便上演了非常生动的一幕：克林顿和他的妻子一起坐在客厅里看电视，突然，天花板上的吊灯掉下来了。依照人的本能反应，应是散开逃避，但画面上的克林顿却是非常自然地把他的太太希拉里揽在了怀里。吊灯瞬间掉下来砸碎了，两个人却是毫发未损。这个生动的画面感动了无数的美国人，尤其是美国的女选民，她们纷纷把票投给了克林顿。很显然，正是这个竞选广告成了克林顿获胜的法宝。难怪有人形容美国是一个经过很好广告策划的品牌国家，广告的影响无处不在。

当然，广告对于我国也同样重要，就像提到保健品大家都会想到脑白金一样。“今年过年不收礼，收礼只收脑白金”这句广告语，几乎尽人皆知。可以说脑白金的广告刚一打出来就得罪了广告界,更是引 来无数叫骂，但是在接二连三的批评中，脑白金的销量却是在不断飙升。其老板史玉柱对这种现象发表了这样的论述：“我们每年都蝉联了‘十差广告’之首，黄金搭档问世后，排名第二的是黄金搭档，但是，你要注意到的是‘十佳广告’是一年一换茬，‘十差广告’是年年都不换。”对于脑白金的广告，相信没有不厌烦的，它以洗脑的方式每天都在播。不管你怎么想回避，脑白金的声音、画面都会无孔不入地钻进你的脑袋里。于是，在它的地毯式轰炸之后，一提起保健品你首先想到的就会是脑白金。在买礼品拜访亲戚朋友时，我们也总会希望选择一个众所周知、家喻户晓的品牌产品。因此，脑白金的广告轰炸策略便取得了成功。

再来看一下房地产业，对于这个行业来说，不同的时间需要强调不同的卖点。就像经济过热时，投资性购房者相对较多，这时广告的“卖点”就要抓住关键词“升值”；经济低迷时，人们普遍不会相信你关于“升值”的诱惑，而此时市场的主体主要就是刚性需求的自住型购房者，这时广告的卖点就需要更多地强调保值与品质。

在广告铺天盖地、信息空前爆炸的今天，只有突破海量信息的重重围困，让人们有最深刻的印象，才能占领消费者“品牌印象”的最终端。如果消费者对你的广告毫无印象，又怎么会选择你的产品呢？因此，好广告是成功的关键。

中国现代广告的发展史仅仅二十几年，但广告所带来的经济效应已经渗透到了当今社会的每一个角落。广告是市场经济的产物，是在现代这个大的经济背景之下应运而生的。它凭借其发达的传播速度引导生产和消费，

最重要的是，它促进了市场经济的完善和发展。广告的重要性，曾经被人形容为“无论你走到哪里，都走不出广告的势力范围”，可见广告在当今的社会经济生活中，已经无处不在。所以，从某种意义上说，广告是市场经济发展中不可缺少的元素之一。

天天平价——沃尔玛的平价有利可图吗

韩先生一个月之前在沃尔玛购物广场花 20 元买了一本相册。后来，当韩先生再次逛商场时却意外发现，自己先前购买的那种相册突然涨到了 25 元一本。韩先生暗喜，自己买得真划算，可随即又产生了疑问：沃尔玛不是号称“天天平价”吗？怎么才 1 个月的时间，这本相册的 价格就涨了这么多？这“天天平价”到底应该是什么价？

大家是如何看待“天天平价”的呢？有些人认为，商场天天都按照最低、最优惠的价格卖才能称得上“天天平价”，经常涨价不能算是平价；而有的朋友认为,“天天平价”是商家的一种销售手段,消费者不必太看重。究竟谁说得对呢？现在，让我们来解读一下沃尔玛“天天平价”背后的深层含义吧。

自古以来，商家皆谋三分利。多少钱进就多少钱卖，天下会有这种好事吗？当然不会。其实，超市不可能将全部商品都平价销售，仅有一部分商品是零利润甚至是赔钱的，而且还是轮流打折。比如今天食品打折，明天就换成烟酒打折，而其他商品则保持原价不变，沃尔玛的销售情况就是这样的。

很显然，大多数人经受不住打折的诱惑。很多人在拿到沃尔玛每期的宣传海报后，发现一些商品降了价，都很乐意去购买。可是大家想想，超市什么都有，难免会看见什么就想买什么，又有几个人会专门选择那些平价商品呢？再说，去超市要花车费与时间，既然去了，总该买些其他商品才划算，这便使得沃尔玛出现了火爆的销售场面。很多人都在关心，沃尔玛“天天平价”有利可图吗？回答是肯定的。虽然超市中商品的平均单价降低了，可因为“天天平价”的标志吸引了大量的消费者，销量总数便提高了，总的利润不减反增。

既然这种手段很卖座，那么为什么其他超市不模仿呢？通常而言，只有那些大型连锁超市才能够很好地做到这一点。因为“天天平价”是要以低廉的成本来做支撑的，一些小超市没有这个实力，不能最大限度地降低成本，他们则更多地凭借便利的地理位置来出售日用品、食品和烟酒等商品。况且，沃尔玛拥有一些独特的措施，也是小超市无法比拟的。

具体是什么措施呢？首先，沃尔玛和供应商合作非常密切。它们通过互联网保持信息共享，这样一来，商品供应商可以在第一时间了解沃尔玛的销售情况与存货情况，并且及时安排生产活动与运输任务。

其次，沃尔玛有强大的配送中心以及全球最大的私人卫星通信系统作为技术支撑。沃尔玛每个分店的电脑都和总部相连接，因此，只要分店发

出订单，那么在 24 小时之内就能接到配送中心发来的商品。

再者，沃尔玛很少产生不必要的广告费用。沃尔玛的管理者认为，保持“天天平价”对于消费者而言就是最佳的广告，所以平时不会进行太多促销广告，而是用节省下来的广告费用推出更为廉价的商品，既可以回报顾客，又可以为自己赢利。

最后一点，前面我们也提到过，沃尔玛的“天天平价”是以产品的丰富性与多样性为前提的。它们的商品经常轮番打折，不断变化。以我们前面所提的韩先生为例，其在一个月前购买了相册，那时正是相册的平价销售阶段，过了一个月，换成了别的商品平价，相册的价格自然提高，这正是“天天平价”的秘密，也是沃尔玛公司驰骋全球零售业的营销秘诀。

“天天平价”的经济学原理，无论对于消费者还是生产者都是有所启示的。作为消费者，我们不能片面地认为“便宜没好货，好货不便宜”，而是应该具体问题具体分析，学会在琳琅满目的商品中选择最实惠的商品，这样才不会错过市场经济带给自己的好处；而作为生产者，则应该向沃尔玛学习管理、经营的理念，努力降低生产成本，提高产品的质量，进而不断降低产品价格，向消费者提供更多物美价廉的商品，在不断让利于消费者的同时实现自身利益的最大化。

打折——“买的”和“卖的”哪个最精

著名经济学家琼·罗宾逊夫人曾经这样说过：“学习经济学的目的不是找一大堆答案来回答经济问题，而是要学会不要被经济学家欺骗。”在日常生活中，我们总能遇到商家所设置的陷阱，比如商场打折，往往比降价更具有隐蔽性，对顾客也有较强的心理暗示作用，可实际上它并没有顾客想象中那么多的甜头。

在日常生活中,我们习惯了价格大战的接踵而至。在北京只要看看《娱乐信报》、《京华时报》就会发现,国美、苏宁这样的卖场无一不以“价格战”作为竞争武器。在降价的狂潮中,商家借打折的名义招揽顾客,看似在“放血”,其实这时他们已经满载而归了。

身处商场如火如荼的打折大战中,很多人都已经眼花缭乱了。王女士就是其中的一员。当她知道附近的商场搞促销活动,买 200 元可以返 200 元代金券时,就兴高采烈地跑去购物。最后她选中了一件毛衣,价格是 549 元。但王女士去付款时,售货员却告诉她,这个品牌的返券力度只是买 200 元返 120 元,于是按活动规定只返给了她 240 元现金抵用券。请大家注意,这里涉及一个最终解释权的问题。也就是说商场单方提供的活动规定有效性由商场享有最终解释权,这意味着如果双方一旦对活动条款的理解发生争议时,应以商场单方的解释为准。

接下来,王女士为了找一件 200 元出头又不到 300 元的商品以把代金券用掉,又在商场中寻觅了 1 个多小时。最后选择了一件 289 元的 T 恤,自己也不是很喜欢,并且还要多付 49 元。

那么,让我们来计算一下王女士这笔账:一共花费 549+49=598 元,这与活动中商家承诺买 200 元返 200 元给人 5 折的感觉是相差甚远的。而且在买第二件商品的时候还要考虑价格范围,未必能够称心如意,而如果选择一件称心如意的,有可能价格会高很多,然后又换回代金券,那么,又要考虑如何用掉了。

再比如在众多连锁超市中,我们都知道家乐福的打折力度是比较大的。可是如果我们细心观察就会发现,在家乐福中,零售一包某品牌的薯片的价格是 3.3 元,三包联售却标明促销打折 10 元,不细心的顾客看到打折促销会觉得便宜就买回去了。有很多人都认为促销打折的商品就是便宜的,商家正是利用人们这个思想上的误区,将一些正常价格甚至是高价的东西打上特价的幌子往外销售。超市所谓的“打折”、“促销”很多都只是一个美丽的谎言,吸引我们心甘情愿地掏出口袋里的钱。

说到快餐，不得不说的就是肯德基和麦当劳，这样的连锁店在我们生活中随处可见。它们有一个共同特点，就是都鼓励顾客使用折扣券，这是为什么呢？一种容易想到的解释是：吸引更多的顾客，扩大销售业绩。但如果真的是这个目的，那为什么不直接降价呢？可见，这个答案不对。其实，如果仔细想想，我们不难发现，要获取麦当劳或肯德基的优惠券，总是要花费一定时间和精力的，比如上官方网站浏览下载、打印优惠券，或者阅读麦当劳的宣传报剪下优惠券，到店里索取，都是需要花费少许时间和精力的，这在无形中就为商家做了宣传。另 外，优惠券能够购买的通常是某种指定的商品组合，而不是随意购买。商家通过这种形式把一些利润高的产品放到组合里来抵去优惠的成本。所以说，一切打折优惠活动都是有目的的，它并不会让消费者白白占到便宜，毕竟生产的目的就是获得利益的最大化，商家是不可能违背自己的初衷的。

俗话说得好，“从南京到北京，买的没有卖的精。”在正常情况下，商家是不会做赔本生意的，在未达到其预期的利润底线之前，货是不会轻易出手的。其实，商家的任何打折促销的目标，都是向那些不会以标价购买产品的潜在顾客提供一个价格突破口，使这些潜在的资源最终成为自己的顾客群。所以希望大家在看打折促销广告时，不要急于往外掏钱，要看清楚、仔细斟酌之后再购买。

捆绑销售——商家究竟在玩什么“猫腻”

小舟最近迷上了逛超市，尤其喜欢在一些活动区转悠。她发现在某些促销区，经常会有各种各样的商品附带一些赠品。买可乐赠薯片，买牛奶赠塑料杯，买衣物消毒剂赠洗衣液，一样钱可以买到两样物品，小舟觉得特别划算。所以她日渐形成了一个消费习惯，在选购同类型物品时，她会优先买那些附带赠品的。

这样的情形在我们现实生活中非常多见。相信你也会产生这样的疑惑：附加赠品，商家还有利可图吗？难道商家成为乐善好施的慈善家了吗？答案自然是否定的。天下没有免费的午餐，买的永远不如卖的精，商家的“慈善活动”就好比太阳会从西边出来一样——概率接近于零。

原来，这种看似附加赠送的活动其实是一种“捆绑销售”行为。从经济学角度来说，捆绑销售是“共赢”的一种形式，指的是两个或多个品牌在商品促销过程中互相合作，以扩大它们的销售力度，从而共同取得前所未有的盈利能力与市场竞争力。

当然，商品捆绑销售是有一定学问的，不是随意两个东西就可以放在一起。举例来说，很多牛奶附赠环保袋，这就非常成功地利用了消费者的消费习惯来进行捆绑销售。牛奶的分量不轻，但有环保袋，就免去了消费者再次购买袋子的麻烦。再比如，可口可乐与北京大家宝薯片共同演绎的“绝妙搭配好滋味”促销活动，其实就是绝妙地运用了捆绑销售的营销策略。那么，可口可乐为什么要采取这样的销售方式呢？显然，这是根据年轻人吃零食的习惯而定的。现今很多年轻人在吃薯片的时候都喜欢来一杯碳酸饮料，所以将这二者捆绑在一起出售，很多人会觉得既实惠又方便，从而达到共赢。这是一个成功的案例，在无形中便促进了销量。相反，假如将可口可乐与其他物品搭配在一起，比如与牛奶等一起出售，效果就没那么理想了。 那么，捆绑销售主要有哪几种形式呢？一般而言主要有以下三种 ：优惠购买，消费者购买 A 产品时，可以用比市场上优惠的价格购买到 B 产品 ；统一价出售，产品 A 和产品 B 不单独标价，按照捆绑后的统一价出售 ；统一包装出售，产品 A 和产品 B 放在同一包装里出售，比如牙膏和牙刷。 购买捆绑销售的商品组合往往比单买要便宜很多，这种让利氛围很容易让我们不知不觉地打开腰包，需要的、不需要的东西买回一大堆。尽管买过之后有些后悔，但当下一次遇见这种事情后，我们依旧会情不自禁地掏腰包。

第6章　规划财富，享受增值

——让你越来越富有的投资理财经济学

量入为出——告别奢侈与挥霍

《礼记·王制》中有这样的一句话："冢宰制国用，必于岁之杪。五谷皆入，然后制国用……量入以为出。"意思就是，宰相一定要根据岁末所收的赋税粮食的数量，来决定国家的开支计划。成语"量入为出"便出自于此。可见，在我国古代，人们就有了合理安排自己收入、开销的经济思想了。

量入为出，有史以来就是人们理性消费的基本原则，违背了，就会造成理不清、还不完的消费债务链，削弱人们未来的消费能力。正如英国作家狄更斯的小说《大卫·科波菲尔》中的米考伯先生所说："一 个人，如果每年收入 20 英镑，却花掉 20 英镑 6 便士，那将是一件最令人痛苦的事情。反之，如果他每年收入 20 英镑，却只花掉 19 英镑 6 便士，那是一件最令人高兴的事。"

大家都记得，曾经以一曲《只要你过得比我好》风靡一时的香港歌星钟镇涛，他当时的年收入高达 1100 万元。但由于不懂得量入为出这个道理，他在消费时从来都是大手大脚的，极其奢侈。1988 年钟镇涛与章小蕙更是花费 300 万元举行婚礼，其豪华程度令人惊叹。单是章小蕙的婚纱就价值 13 万元，婚后章小蕙依旧追求奢华生活，每年仅服装费就花销 500 万元。直到后来投机房地产失利，钟镇涛最终以欠债 2.5 亿元而破产。

由此可见，支出是财富的决定因素，也是理财的第一要务。下面我们再来看看拳王泰森的故事。泰森从 20 岁开始打拳，到 40 岁时挣了将近 4 亿美元。他的别墅有一百多个房间；他曾买过 110 辆名贵的汽车，其中有 1/3 都送给了朋友；他还把白老虎当宠物养，最多的时候养了 5 只老虎，其中有 2 只是价值 6 万美元的孟加拉白老虎，每年光付给驯兽师的费用就高达 10 万美元；他曾经在拉斯维加斯最豪华的酒店包下了带游泳池的总统套房，一个晚上的房租为 15000 美元。在这样的套房里点一杯鸡尾酒就要 1000 美元以上，而泰森每次放在服务生托盘中的小费都不会少于 1000 美元。由于挥霍无度，到了 2004 年年底，泰森的资产只剩下 1740 万美元，但是债务却高达 2800 万美元。2005 年 8 月，他不得不向纽约的法庭申请破产保护。

同样的遭遇也发生在 20 世纪 80 年代英国著名的电视新闻记者、主播艾德·米切尔身上，由于负债累累，他已经沦为无家可归的流浪汉。艾德·米切尔在当年走红的时候，主持过独立电视公司 ITN 晚上 10 点的新闻联播，还曾独自采访过英国及世界各国的政界要人，其中包括英国前首相撒切尔夫人和梅杰。他拥有让人羡慕的 10 万英镑的年薪，价值 50 万英镑的房子，每年两次的国外度假，妻子、儿女、财富，他拥有一切美好的东西。直到 2001 年艾德·米切尔被迫“下岗”。遭到解雇后，噩梦开始了。失业前累积的几万英镑的信用债务像滚雪球般越来越大，于是，为了还清旧债，艾

德・米切尔不得不申请新的信用卡，几年内，欠下了 25 张信用卡及将近 25 万英镑的债务。妻子与他离婚了，艾德・米切尔不得不变卖房子还债，最终沦落到在 海滨城市布莱顿街头露宿。

通过以上事例我们可以明白，不管一个人多么富有，如果只是一味奢侈地挥霍，总会有透支的一天。财富的多少一方面在于积累，而另一方面在于合理开销，一定要养成量入为出的习惯，否则赚再多的钱都有可能被挥霍殆尽，甚至负债累累。

储蓄——为自己留足过冬的"余粮"

从前有一个富人，出于怜悯，他发善心想要帮助自己的一个穷亲戚，于是，他告诉穷亲戚："我给你一头牛，你拿去开荒吧，等到春天时我再送你一些种子。你播种后，秋天便可以丰收，你不会再贫穷了。"

于是，穷亲戚牵着牛满怀希望地回到家开荒劳作。可是没过多久，牛要吃草，人要吃饭，由于一直没有积蓄，日子过得越来越难了。穷亲戚转念一想，算了还是把牛卖了吧，买几只羊来养，还可以先杀一只填饱肚子，剩下的等着生小羊就可以了，小羊长大之后还能卖。可是当他吃完一只羊的时候，小羊还是迟迟没有生下来，日子又过得艰难了，他忍不住又吃了一只羊。他想这样下去也不行，不知道什么时候才能生下小羊来，于是他把羊卖了换回来几只鸡，心想，鸡下蛋的速度比较快，鸡蛋可以马上换来钱，以后的生活就有保障了。

可惜他的计划又失败了，日子并没有得到改善，反而变得更加艰难了。他忍不住便又杀了一只鸡。一直杀到只剩最后一只鸡的时候，他的梦想彻底破灭了，致富算是没希望了。他想还是把鸡卖了吧，打二两酒，三杯下肚，烦恼全无。

春天来了，富人满怀希望地给穷人带来了一车种子。可是当他走进院子的时候，发现这位亲戚正坐在院子里发呆呢。牛也没了，房子依旧是破破烂烂的，他也依然一贫如洗。

其实生活就是要求我们要树立一种积极、乐观、着眼于未来的态度。要有计划性地去安排生活，为自己日后的生计做好准备、谋求保障。对于那种生活毫无节制、从不为以后着想、没有积蓄的人来说，就如同故事里的穷亲戚，吃干花净，哪管明天能不能活下去。这种人生态度，也是理财的大忌。所以，我们完全可以说，储蓄可以给人以保障，给人以安全感，给人以幸福。

但储蓄对于很多20几岁的年轻人来说简直就是天方夜谭。潇洒的生活方式常常令他们每到月底就捉襟见肘、苦不堪言。特别是2009年以来，突如其来的金融危机更使一些职场新人在经济压力面前感觉无能为力、不知所措。对此，我们不得不思考的就是怎样培养储蓄意识，并及早进行理财规划，确保基本生活的稳定。

世界排名第一的哈佛大学，第一堂经济学课的内容只有两个标题。第一个是花钱要懂得区分“消费”和“投资”；第二个便是每个月应先把工资的30%储蓄起来，剩下的才能拿去消费。

有一位名人，同时也是一位储蓄高手，具有非常强的理财意识，这个人就是爱迪生。很多人都只知道爱迪生是一位伟大的科学家，但他高超的储蓄能力却鲜为人知。如果他平时没有养成储蓄的习惯，对于家境不好的他来说，就没有足够的精力和资金去做各种科学实验，他也可能永远都只是位默默无闻的小人物。

由此我们可以明白，不管眼下的境况多么不济，薪水多么微薄，即便是刚刚遭遇裁员等，只要银行里还有一笔储蓄，那就不足为虑。而假如你每个月都要花完最后一分钱，从没有储蓄的习惯，那到时可就真要陷入绝境了。

基金——坐在家里也能轻松赚钱

在市场上有这样一批投资者，他们对股票了解得太少，也冒不起风险，却又不甘于债券过低的回报。那么，基金对他们来说最适合不过了。 简单来说，投资基金就是集合众多分散投资者的资金，委托投资专家也就是基金管理人，按他的策略统一进行经营投资，为众多投资者谋取利益的一种投资工具。在整个投资过程中，投资者们共同分享利润、分担风险。从这一点上来看，也把风险降到了最低，所以我们说，基金是一种相对稳健的理财方式。 基金一般分为认购期、运作期（封闭期）、申购期三个阶段。开始 是认购期，一般是半个月左右，在这半个月里你只能购买不能赎回，也就是只能买入，买入价一般都是1元；然后进入运作期（不接受投资者赎回），在这段时间里，基金公司拿你的钱去建仓（买进），也可以说是一个准备期，一般都不超过三个月，打这之后大部分基金会有所上涨，也有部分会回落，但也不会跌得太厉害，这个时候不要以为你赔了，因为你的投资才刚刚开始；接下来进入申购期，此时你就可以自由买卖了。

整个基金的运作过程，我们也可以这样理解，假设你有一笔钱想投资股票、债券，但自己既无精力又无专业知识，钱也不算多，就想到与其他5个人合伙出资，雇一个投资高手，操作大家合出的资金进行投资增值。但如果5个投资者都与投资高手随时交涉，那肯定会把事情弄乱套，于是就推举其中一个比较懂行的人带头去办这件事。从大伙合出的资产中按一定比例定期提成给他，由他代为付给投资高手劳务报酬，当然，他自己牵头出力去办大大小小的事，如提醒高手时刻注意有关风险，定期向大伙公布投资盈亏情况等，自然不可白忙，提成中的钱也包括他的劳务费。上面这种运营模式称作“合伙投资”，而将这种模式无限扩大就称之为基金。

其中，专家理财是基金投资的主要特色。基金管理公司配备的投资专家，一般都具有资深的投资分析理论功底和丰富的实践经验，以科学的方法来规避风险。还有，基金的资产是不能放到基金管理公司手中的，这也是为了大家财产安全的考虑，所以这笔钱一定要存到银行，让银行管理账目，称为基金托管。当然银行也是要收取劳务费的，主要是从资产中按比例抽一部分，按年支付。

之所以说基金是一种稳健的理财方式，是因为基金不同于股票。首先，投资者购买基金只是委托基金管理公司从事债券、股票等的投资，而购买股票则成为上市公司的股东；其次，基金投资的股票众多，能有效分散风险，收益比较稳定。而单一地从事股票投资往往不能分散风险，收益波动较大，风险也较大。正如下面的老刘，炒股炒亏了，买基金却赚了。

由于对股市缺乏了解，老刘两年前炒股炒亏了。后来在朋友的建议下，买了一只基金，一块钱一份，他买了 10 万份。

可是由于股市不好，没几天他买的基金就下跌了一百多个点儿，他去银行查了一下，他的基金缩水了，变成了 0.91 元。他一算，都亏了将近 10% 了。这时老刘想赎回，可是理财专家建议他不要轻举妄动，基金是长期投资的产品，不能像股票一样频繁操作。于是他稳定了情绪，也不去银行查了。直到几个月后，老刘听说股市好转，一片飘红。他按捺不住心中的激动，跑去银行查了一下，发现都涨到 1.5 元了。这下老刘别提有多高兴了，回到家里，他把这件事跟老婆说了，老婆也特别高兴，他们研究了一下决定还是不赎回了。

过了一段时间，那只基金又涨到 1.7 元，这回夫妻俩一起去银行把钱拿了回来，仔细一算已经有 70% 的收益了，10 万元变成了 17 万元。老刘乐得合不拢嘴，心想还是买基金放心、合算。

总体来说基金不失为一种不错的理财方式，但是一定要非常谨慎地选择发行公司，而且不能着急，至少要投资半年以上再考虑赎回。有的投资者抱着在股市上捞取短期价格差的心态投资基金，频繁买卖基金，结果往往以失望告终。因为申购费和赎回费加起来并不少，而且基金净值的波动远远小于股票。所以说，基金更适合于追求稳定收益和低风险的人进行长期投资。

黄金——如何利用黄金保值和增值

黄金既是一国平衡国际收支，防患金融动荡的重要工具，也是人们保值和增值的重要手段。尤其在全球金融危机出现之后，股票一蹶不振，房产也出现部分缩水，于是投资黄金的避险保值作用逐渐显现出来。

历史上，黄金作为世界性的流通工具，在人类经济活动中长期扮演重要角色。直到进入现代社会之后，随着纸币的普遍使用，加上现代金融制度的确立，黄金的货币功能才慢慢减退。但是，黄金作为对抗通货膨胀、规避金融市场风险的工具，仍受到很多投资者青睐。就现阶段来看，黄金的投资方式主要有以下三个品种：

实物金

实物金包括金币、金条和金饰等，以持有的实物黄金作为投资方式，其投资额一般较高。回报率虽与其他投资方式相同，但因为投资的资金不会发挥杠杆效应，所以涉及的金额一定会较高，而且只可以在金价上升之时才可以获利。如果你要选择黄金投资的话，可以选金条或是金币，不要选首饰和饰品，因为一般的饰金买入、卖出价的差额较大，成本多在工艺上，并不适宜投资，而金条和金币由于不涉及其他成本，是实物金投资的最佳选择。

纸黄金

“纸黄金”简单来讲就是黄金只在纸上交易。它是一种个人凭证式黄金，投资者的买卖交易记录只在个人预先开立的“黄金存折账户”上体现，不发生实物金的提取和交易。具体方法是投资者按银行报价在账面上买入卖出“虚拟”黄金，通过把握国际金价走势低吸高抛，赚取黄金价格的上下波动差价。

因为“纸黄金”主要以数据的形式记录在银行里，并不依赖于实物交易，所以不必担心存储、保管的安全性，同时也大大降低了交易的成本。从变现速度上看，纸黄金几乎是瞬间到账的，不同于基金，还要等待几个工作日才可以到账。而且，只要你愿意，你完全可以在买入一分钟之后再卖出，这在股市是无法达到的。另一方面，由于“纸 黄金”的价格并不是由银行自己制定的，而是由国际金价制定的，所以投资者无须担心银行从中操纵获利。由此可见，纸黄金其实相对于其他品种，更具有安全性高、

成本低、变现速度快、交易方式规范等优势。

黄金期货

所谓黄金期货，就是指以国际黄金市场上未来某一时间点的黄金价格为交易标的的期货合约，投资人的盈亏，完全是由进场到出场两个时间的金价的价格差来衡量，契约到期后则是采取实物交割。其实黄金期货和其他期货买卖一样，也是按一定成交价，在指定时间内交割的合约。它同样具有期货的特征，即投资者要为最终购买的一定数量的黄金，而预先存入期货经纪机构一笔保证金。一般来说，黄金期货的购买者和卖出者都要在合同到期日前,购回和出售与先前合同确定的数量相同的黄金而平仓，无须真正交割实金。每笔交易所得利润或损失，等于两笔相反方向合约买卖的差额，这种买卖方式也是人们通常所说的“炒金”。

目前来看,中国已成为世界上第四大黄金生产国,第三大黄金消费国。可我国人均黄金消费量却远远低于世界平均水平，这也说明了中国黄金投资市场潜力无限。从长远上来看，黄金的储备量已经无法满足世界经济规模对货币的需求，所以黄金注定无法成为世界货币而流通运用。但是长久以来，由于历史因素的沉淀，黄金的地位在世界人民心中长久存在，而且不可动摇,所以其必然具有交换价值。特别是在作为世界信用货币的美元，被美国政府滥发导致美元贬值之后，人们更加怀念黄金了，因为没有哪个国家可以滥发黄金，使之贬值。

白银——新世纪的投资新贵

2010 年已悄然落幕，在这一年里老百姓印象最深、最为恐惧的无外乎“通胀”二字。跑赢 CPI 早已成为无数市民的理财大事。回望 2010 年的理财市场，股票、保险、收藏等多项理财品种，唯独白银异军突起，以 80% 的涨幅成为最大的黑马！

说起白银，中国的确是应该悔恨的。纵观历史，横看世界，中国已经成为第一大白银生产国，年产量在 1 万吨左右。然而其中却有一半是用来出口创汇的，在 2008 年以前中国还有出口退税政策鼓励白银出口创汇。这其实是一项令人百思不得其解的政策，就好比拿真钱去换假钱，而且还是有政府鼓励性质的。这一政策造成的直接后果就是，从 2009 年初到 2010 年 10 月白银价格一路暴涨，从每盎司 11 美元飙升到 23 美元，翻了一番多。而同期美元的购买实力却日益“力不从心”，接连出现“量化宽松”下的“江河日下”。结果在不到两年的时间里，8000 吨白银出口创汇换回来 200 亿元人民币的财富流失，随之而来的是除了购买美国国债之外别无选择的美元白条，这也是中国成为美国最大债主的关键原因，之后人民币升值也就不难理解了。

直到 2008 年 7 月 30 日，中国终于取消了白银的出口退税政策，这无疑是“拨乱反正”的最终体现。但它的出发点仍然是缓解中国贸易顺差过大所引起的矛盾与纠纷，显然，相关部门并没有从金融的角度看清楚问题的关键所在。

今时今日，美元的霸主地位已然动摇，货币战争进入春秋战国时代。在如此动荡不安的背景下，黄金与白银成为炙手可热的硬货币也是显而易见的。这就是白银上涨的大背景，也是在 2010 年白银最出风头的原因之一。

2012 年 8 月 20 日至 24 日的五天时间内,国际现货白银价格涨幅达到了 6%。是同期国际现货黄金涨幅的一倍。此轮贵金属上涨行情，白银多头在短短 5 天时间内获得至少 600% 的巨额收益。贵金属投资者敏感地发现投资白银比投资黄金更吸引人。是什么给白银赋予如此魅力？又是什么使白银价格受国际形势影响有如此之大波动？门槛低，无疑是白银投资相对于黄金投资的最大优势。而且，就目前来看，白银的储量越来越少，而需求却日益旺盛，因此在未来的几年之内，白银的升值空间仍然很大。

目前国内白银的主要投资方式可分为以下三类：

第一，实物白银。可分为银条、银币和银饰三类。可通过金店、贵金属投资公司、商业银行（如工行如意银）等渠道购买。通常来说，投资性银条与银币都有一定的投资价值和变现能力，而收藏性银币、银条和银饰，鉴于较高的加工设计费用与回购渠道的不畅通，投资价值并不高，因此不建议投资。另外，还需要注意的是，实物白银和实物黄金一样，都不能做空，只有价格长期上涨才能有获利空间，所以必须把握好价格趋势逢低买入，并在高位时谨防回调风险。

此方式适合无相关投资知识,时间不充裕但资金较充足的个人投资者。

第二，纸白银，又称为账户白银。与纸黄金类似，投资者仅通过高抛低吸来完成账面资金的变动，无需发生实物白银的交割提取，省却了保管、运输、仓储等环节费用和麻烦。

不久前，中国工商银行在全国范围内推出了个人账户白银买卖业务。与个人账户黄金买卖类似，分为账户白银兑美元、账户白银兑人民币两个交易品种，交易起点分别为 100 克和 5 盎司。以 2010 年 10 月 20 日 16 时 10 分该行账户白银为例，白银的人民币报价为 5.05 元 / 克，美元报价为 23.64 美元 / 盎司。因此，投资者最低只需人民币 505 元或 118.20 美元就可以开通账户白银交易，可以说交易起点和门槛十分低，而同一时间纸黄金人民币最低 10 克账户交易大约需要 2860 元。

此种方式，适合有一定专业知识和时间充裕的工薪阶层投资。

第三，上海黄金交易所白银现货及其延期交收交易品种。具体地说，分为白银现货 Ag 99.9、Ag 99.99 和白银延期交收交易品种 Ag(T+D)。白银现货 Ag 99.9 是 20% 的保证金，只可做多，交易单位为 15 kg/ 手。白银现货 Ag 99.99 是交易所 2010 年 4 月 26 日挂牌上市的新品，同样是 20% 的保证金，只可做多，但交易单位为 30 kg/ 手。而 Ag(T+D) 保证金为 10% ~ 20%，可以多空双向交易，交易单位为 1 kg/ 手。

此方式，适合资金较充足的专业型投资者。

期货——财富博弈中的“尖端武器”

根据《史记》记载，范蠡不仅是一个闻名天下的谋士，还是一个经商的奇才。在助越王勾践灭吴后，他深知历史上的国君绝不可能留下任何功高盖主、力谋大业的人。于是，他便带着家眷逃离了越国。之后，他来到齐国，以种地为生，没几年就赚了一大笔钱。这引起了齐国国君的注意，国君便请他去做宰相。但范蠡很清楚，他在齐国只是一个百姓，无权无势，一下就坐到了一人之下、万人之上的位置，并不见得是什么好事。于是，他又向齐王请辞，并把大部分金钱都分发给了当地的百姓。

经过几番周折，他搬到了陶（山东定陶西北）。刚好当地有他的一位老朋友，这位朋友从范蠡口中详细了解了吴越战争，得知勾践是一个可以共患难但不能同安乐的人，感叹不已。两人一直聊到深夜，朋友问他：“以后作何打算？”

“只要衣食富足即可。”

“哈哈，我就知道你赚钱有方。不过，你现在也已经没有本钱了，打算怎么做呢？”

“这并不要紧，你去找农户，签订粮食收购契约。和他们说定，不管是丰年粮贱还是灾年粮贵，到时都按现在说好的粮价收购。再用同样的方法找买粮户，签订销售契约，收取定金，并将定金付一点给农户。等粮食收上来时，让买粮户带钱来拉走粮食，再付清农户的余款，剩下的就是我们赚的了。”

朋友听了不解地问："这也是契约吗？"

“这个倒无所谓。百姓朴实，收了定金就一定会把粮食给你的。”

这便是历史上最早的期货雏形了。范蠡一生才智过人，在做期货短短的几年里便存下了万贯家财，并从中得出一个道理："贵出如粪土，贱取如珠玉。"这个意思就是说，当某种商品的价格高到了一定程度时，就要像粪土一样抛出去；如果低到了一定程度，就要像宝贝一样把它储存起来。这也就是当今的"越跌越买，越涨越抛"的炒股原则。范蠡对此也曾说过："贵上极则反贱，贱下极则反贵。"

这就是市场经济的道理，同样也是期货买卖的道理。期货的英文为"Futures"，译为未来，是一种跨越时间的交易方式。其具体含义是：交易双方不必在买卖发生时就交收货物。而是通过签订期货合约，按指定的时间、价格与其他交易条件，交收指定数量的现货。通常期货集中在期货交易所进行买卖，但亦有部分期货合约可通过柜台交易进行买卖。

期货和股票差不多，是一种倒买倒卖的投资方式。因此有很多人把期货和股票混为一谈，其实这两者有很大的区别。首先，期货可以当天买，当天卖，交易无数次都无所谓。股票一天只能交易一次，买或者卖。其次，期货可以买涨，也可以买跌。涨的时候先买，等涨高了再卖了赚钱；跌的时候可以先卖，等到跌低了再买回来赚差价。股票只有先买进才能卖出。再次，期货属于保证金交易，买价值 50 元的期货只要 5 元就可以了，而股票买 50 元就一定需要 50 元。最后，期货是每天都会结算的，50 元的期货涨到 60 元了，你当天就可以把赚到的 10 元取回来。当然，你第二天就可以用这 10 元再来买 100 元的期货，也就是说，你现在手里有 150 元的期货，而股票可不行，100 元的股票涨到 200 元又怎样，你不把它卖掉，钱就永远都拿不到。

我国期货市场经历了动荡不安的初创期，之后又经历了问题迭出的整顿期，整体来看我国期货市场的成长过程具有明显的超常规发展特征。在时间跨度上，十余年的时间里，我国期货市场跨越西方期货市场百年发展历程，呈现出跳跃式的发展姿态。期货市场如此超常规发展，一方面迅速弥补了我国传统经济体制的漏洞、缺陷；另一方面也为我国期货市场的规范、健康发展带来了隐患。

近年来我国期货市场的整顿与治理已经逐步进入规范、有序的发展阶段，取得了令人瞩目的成就。硬件上基本实现了现代化，软件也同样日趋完善。尤其是经过 1994 年的清理整顿之后，我国的期货市场由分散逐步趋向了集中规范，初步形成了一个比较完整、全面的期货市场组织体系，但仍然存在一些缺陷，主要表现在以下三方面：

首先，投机成分过重。在我们目前的市场上，大部分的参与者在交易的过程中，投机的心理往往占了上风。甚至在某些企业中，也有不少做投机交易的，比如像个别的粮油加工企业在期货市场上却成为了空方的大户等。在这种情况下对价格的炒作便成了唯一的形式。其实期货市场本是属于“不完全市场”的范畴，这就决定了商品价格的高低在很大程度上依赖于买卖双方对未来价格的预期，而脱离了这种商品的现时价值，有可能导致价格的“越抛越跌”或是“越贵越买”的不正常循环，会使得价格易于往极端方向发展。

其次，期货市场的弱有效性。市场行为包容消化一切，也就是说影响市场价格的因素最后必定要通过市场价格反映出来。但要保证这一点的实现必须有个前提，那就是整个市场要处于有效市场，而目前我国的期货市场还属于一个弱有效的市场，信息的不透明，使参与者不得不支付更高的社会交易成本，这样就降低了期货市场的运行效率。 期货交易是一种特殊的商品交易，它具备回避风险及价格发现功能，期货市场的健康发展，有利于市场经济的繁荣和现货市场的稳定。

最后一点缺陷，表现为市场参与者不够成熟。目前我国的专业投资治理公司和专业的经纪人队伍还没有完全建立、规范起来，所以现实中，投资大部分还得依靠投资者自己来完成，这就使得其投资行为具有一定的盲目性。因此，要想降低期货市场风险的发生，对投资者进行教育、促进其走向成熟是必经之路。

股票——要想“赢”，先要“稳”

在 CPI（消费者物价指数）不断攀升的时代，银行只会让你的财富不断缩水，债券也难以保值，想买房增值，可现在的房价又高得离谱。于是更多的人愿意把钱投入到股市里去,可股市真的会成为你的“提款机”吗?其实在股票的圈子里，从长远来看有人损失必有人赚钱，没有共同赚钱或者共同损失这一道理。这就是为什么股市中有人哭、有人笑，而哭的人又往往比笑的人多的原因。

股市的牛市和熊市，就好比大海的涨潮和落潮，都有它的内在规律，不可能永远亢奋，也不可能永远低落。那么，为什么股价会有高潮和低谷的出现呢？这其中最大的原动力就是“消息”。而由于消息种类繁多，对股价的影响力自然也不一样。诸如国际政治与经济形式的变化，国内经济改革与财政措施，石油危机影响等消息，还有个别行业的未 来预期，原料价格波动、发行公司业绩及财务盈亏等消息。如果消息 是对股市有利的，则会使得股价上涨，称为利多消息或利多因素，反之，如果消息对股市不利，导致股价下跌，则称为利空消息或利空因素。

拿牛市来说，即使不懂股票的人或是初学者也能或多或少赚到钱，因为这时大盘的走势是整体上升的，这样就麻痹了人们的风险意识，让他们错误地以为股市就是“提款机”，于是把自己辛辛苦苦赚来的钱都投入到股市之中。但殊不知，在股市中真正能成为大赢家的永远都是懂行的人。所以熊市一来，被套牢的人就是那些不懂股票知识、不会看盘的小散户们。还有一群股民，专爱买便宜股，可经常是便宜没好货。最后股指下跌，大家狂抛股票，这个时候受到致命打击的大多是穷人，这些穷人把省吃俭用积蓄下来的血汗钱在股市上兜了一圈，十有八九都捐献给股市上的机构庄家和优秀的散户了。

经济危机过后，随着国家政策的调整，经济形势整体好转，上市企业经营管理也得到改善，机构资金充裕，积蓄增加，越来越多的资本进入股市，股市出现回升。一些实力较强的散户也进入了股市，这些散户以中产阶级居多，他们有较高的素质，懂得操作方法，对股票比较了解，基本上可以达到即使不赚也不会赔，这令工薪阶层羡慕不已。他们也想通过股市赚一把，他们没有太多的资本，于是便把养老的、看病的、子女读书的

钱全都拿出来，冒冒失失地进入了股市。这些人对目前的经济环境不是特别了解，对股票交易方式更是一无所知。开始或许会小赚一把，对比自己为挣那一点工资都要付出很多劳动的现实赚钱方式，他们深感股市赚钱之轻松，于是像吸毒一样，他们不断加大筹码，直到某一天，股市突然暴跌，他们才如梦方醒，痛心疾首，感叹为什么总是要到没钱的人入市时才跌，以前不是一直在涨吗……

问题就在这里，没钱的人入市之后很快就会进入涨跌的转折点，因为一旦这批人入市后，后面没有跟进者了，这也就是最后一批资金注入者，等到这批资金注入后，股市突然就没有资金再注入了，信号激烈震荡，就会急转直下。

所以说，当我们想进入股票市场时，一定要有足够的心理准备。炒股犹如打仗一般，两军对阵，必有一伤。股票投资也是一样，买方对股价动向表示乐观而买进，卖方则对股价动向表示悲观而卖出。如果买方力量强劲，卖方不愿出手，股价飙升；如果卖方力量强大，买方摇摆不定，股价则直泻而下。

很多人投资股票都是因为看别人赚钱眼红而盲目地跟风。这些人往往害怕麻烦，不愿意花太大的精力，结果总是赔钱。在这里希望大家能明白，股票的风险绝不比它的利润小，它也并不会成为我们的提款机，所以，我们在进入股市的时候一定要做充分的准备，掌握投资股票的专业知识。

组合投资——别把鸡蛋放到同一个篮子里

在莎士比亚的《威尼斯商人》中，安东尼奥曾有这样一幕自白："不，相信我；感谢我的命运，我的买卖的成败并不完全寄托在一艘船上，更不是倚赖着一处地方；我的全部财产，也不会因为这一年的盈亏而受到影响，所以我的货物并不能使我忧愁。"

这里面所讲的就是"组合投资"，它完全可以帮助人们逃避单一投资的风险性。因为到目前为止，世界上还没有一种只赚不赔的投资理论和投资项目。但是我们通过资产配置的方法却能够避免"一荣俱荣，一损俱损"的状况。就像安东尼奥所说的那样，"我的买卖的成败并不完全寄托

在一艘船上，更不是倚赖着一处地方”。

在面对不可预知的金融领域的风险时，建立组合投资计划具有非常重要的现实意义。充分地运用好组合投资、合理地分配资源，不仅不会限制你的收益，相反，它通过把风险分散掉，还会间接地提高预期收益。并且，如果你能建立起长期的组合投资计划，那么，你就能把握住资本市场在某个时间点上突然出现的黄金投资时机，从而赢得最终的胜利。

对于投资者来说，他们所希望的是通过投资来实现财富的保值和增值，从而拥有更加美好、富足的人生。但是不可否认的是，单一去投资有着不可避免的局限性和风险性。比如国内投资者最钟爱的投资产品——股票，它波动性大，风险高，既能把投资者带到富庶的乐土上，又能把投资者送至贫瘠的地狱中。

举个例子来说，房地产投资是公认的抵御通货膨胀的有效武器，在房市火爆的时期，它曾为很多投资者带来了巨大的财富。但是由于它极易受外界因素的影响，流通性也比较差，所以如果只是单一地把资金都投向它，便很容易引起资金链的断档，造成变现能力困难。再来看债券，债券产品虽然稳健，但它的收益率往往比较有限，而且只有长期投资才有产生利润的空间。如果过度集中在这一产品上，便会导致获利能力削弱，无形中会造成资本的浪费。

而分散投资的好处就在于，通过将资金分布在不同的领域、地域，让不同投资产品相互弥补各自的缺陷，保障整个投资组合的低风险、稳收益。因此，对一个理性的投资者而言，他的投资组合应当充分考虑到各个产品的特点及互补性，再进行资源配置，而不是将鸡蛋统统放在一个篮子里。

一般来说，投资组合按粗略的分类有三种不同的模式：保守型、中庸型和积极型。而无论决定选用哪一种模式，年龄都是很重要的因素。人生的每个阶段都有不同的需要，所以投资组合并不是一成不变的，必须依照不同的阶段而计划。

对于这点，虽然没有什么固定的原则，但总体上可按照“一百减去现在年龄”的公式来计算。举个例子来说，假如你现年 40 岁，那么，你至少应将 60% 的资金投放出去；如果你现年 60 岁，那么至少要拿出 40% 的资金进行理财、投资。

在我们的人生中，20 ~ 30 岁时正是奋斗的时候，距离养老退休的日子还远，风险承受能力也最强，所以完全可以采用积极型的投资方式。那么，按照“一百减去现在年龄”公式，你可以将 70% ~ 80% 的资金拿出来进行理财投资。而这个理财投资绝不是单一式的，最好的办法就是分散开，进行资金配置，例如，20% 投资基金，20% 投资股票，20% 购买债券，其余 20% 交给理财公司。

在 30 ~ 50 岁时，是人生压力最大的时候。这段时间家庭成员可能增多，承担风险的程度要比上一阶段弱很多。所以最好采月相对保守的投资方式，以本金尽快成长为目标。具体方法可以将资金的 50% ~ 60% 投在证券方面，剩下的 40% ~ 50% 投在有固定收益的理财产品上。当然，也要保证留一些现金供家庭日常生活之用。

到 50 ~ 60 岁时，也算是赚钱的好时机，这时孩子已经成年可以自立，但一定要控制风险，仍然运用“100 减去目前年龄”的投资法则，至少将 40% 的资金投在股票证券方面，60% 的资金则投于有固定收益的投资标的上。此种组合的原则就是维持保本功能，并留些现金以供退休前的不时之需。

到了 60 岁以上，多数投资者在这段时期会选择比较安全稳健的投资标的，只将少量的资金投在股票上，以抵御通货膨胀，保证自己的财富不被贬值。

房地产投资——认准时机，规避风险

所谓房地产投资，是指资本所有者将其资本投入到房地产业，以期在将来获取预期收益的一种经济活动。在我国这完全是一个新兴产业，自20世纪80年代中后期才逐渐发展起来，随之便火爆得一发不可收拾。这个暴利的行业也引得大批的人不断涌入，但是他们往往没有看到其存在的种种限制性的因素，比如说高度关联性、寿命周期长、高度综合性、不可移动性、投资额度大、政策影响性等。

在经济史上，永远不可能出现一种高收益却无高风险的投资项目，房地产也是如此。在房地产开发到销售的过程中存在着大量的风险因素，如房产市场的供求变化、通货膨胀情况、相关政策的出台调整、变现风险、利率及汇率变动的系统风险和消费者的喜好、机会成本、资本价值等个别风险，这些风险因素都直接地影响到了房地产开发的利润率。我们在房地产投资的过程中，如果不能充分考虑到这些风险因素对整个投资活动的影响，贸然进行决策，往往就会出现失误，甚至会使企业或是个人陷入绝境。但是，如果把铺天盖地的风险都统筹到一起去考虑，则必定会使问题复杂化，不现实也不恰当。

那么，我们在进行房地产投资的时候应该怎样选择目标呢？首先就是要用已确定的目标房产与市场可比的房产进行价格比较。当然，同时也需要考虑目标房产的潜在收益。在这里我们可以通过以下方法，来衡量自己的选择恰不恰当。

总租金乘数法

公式：总租金乘数＝投资价值 ÷ 第一年潜在租金收入

投资者可将目标房产的总租金乘数与自己的期望值或是不同房产之

间进行比较，择其小者。当然，这一方法并未考虑空置损失及物业费用、税收、融资的影响。

直接资本化法

公式：总资本化率＝第一年的营业净收入 ÷ 投资价值 ×100%

营业净收入指的是扣除欠租损失和控制损失及营业费用后的实际收入。对于普通住宅来说，营业费用也就是中介费用，择其大者。该法与总租金乘数法相比，考虑到了欠租损失、控制损失和营业费用，但同样未考虑税收和融资的影响。

税前原始股本收益率法

公式：税前原始股本收益率＝第一年税前现金收入 ÷ 初始投资 ×100%

初始投资指的是总投资金额中扣除贷款部分后的自备金。对于大部分投资者来说，都存在融资问题。这一方法因考虑了融资的影响，所以较前几种方法更为完善。

租金回报率分析法

公式一：租金回报率 =（税后月租金－每月物业管理费）×12÷ 购买房屋总价 ×100%

这种方法得出的比值越大，就表明越值得进行投资。它的优点是考虑到了房价、租金及两种因素的相对关系，是选择优质地产的简捷方法。当然，它也同样存在弊端，就是没有考虑到全部的投入与产出以及资金的时间成本，对按揭付款没有提供具体、全面的分析。因此并不能作为投资分析的全面可靠依据。

租金回报率法

公式二：租金回报率 =（税后月租金－按揭月供款）×12÷（首期房款＋期房时间 内的按揭款）×100%

这种方法有优点也有缺点。优点是考虑了价格、租金和前期投入，比租金回报率分析法的适用范围更广，可估算出资金回收期的长短；缺点是没有考虑到前期的其他投入以及资金的时间效应。考虑到的因素不具体、比较片面，因此不能作为理想的投资分析工具。

由以上可知，投资房地产所要考虑的因素有很多，所以我们必须要有足够的耐心去分析、研究，综合起来进行比较。这就是为什么在房地产投资领域里，女性通常比男性的眼光要准的原因。首先，女性投资者多为全职太太，她们有充足的时间，能及时地观察到楼市上的各种信息，清楚地了解哪个楼盘涨了，哪个区域又推出了新盘。其次，女人心细，天生就适合理财。与男人在事业上的大刀阔斧相比，女人的理财方式更为细腻。她们总能清楚地记着哪天去收房租，哪份租约到期等。并且在对待合同的处理、风险的规避上，她们也一定会办得妥妥当当，稳赚收益。曾几何时，温州的“太太购房团”转战国内各大城市，倒卖房产，虽然现在风光已不再，但是投资房地产仍是目前女性最热衷的投资方式之一。

如果你想在房地产投资中获取利益，就要注意以下几点：

首先，要让自己变成专家。在买房前积累一定的相关常识，如法律政策、购房的流程等，另外还要学会看模型和样板房。有些人很容易被样板房迷惑，草率成交。不少样板房都是开发商做给购房者看的，所以会有意隐藏房子本身的一些缺点，只有学会了看样板房，才能更加全面、具体地去分析房子的可买性。

其次，不要贪图便宜。在价格方面，人们往往会因为价格优惠而一时冲动去买房，结果买中的房子根本不是自己想买的，之后才后悔不已。

再次，要全面考察。全面考察开发商的实力，对其资质和楼盘有一个清楚的认识。最好选择有实力、品牌形象比较好的开发商，查看其相关证书、产权证是否齐全，以便最大限度地降低风险。

最后，还要看准实际问题。这点主要包括户型是否合理，朝向、景观怎样，通风是否良好，基础设施是否完备，还有交通、学校配套情况如何等。

总体来说，投资不是单纯地买房卖房，必须对市场有充分的了解。投资者在对房地产投资的风险进行分析时，应同时从主观和客观两方面下手，以降低风险，提高效益。主观上，投资者应树立风险意识，重视投资的可行性。客观上，投资者必须对国际、国内当前的经济形势、国家和地方政策、社会发展趋势、发展规划有一个全盘的了解。只有这样，投资者才能把握住时机，选中极具升值潜力的房产，赢取房地产投资的高效益。

保险——未来，我们如何安心养老

保险是以契约形式确立双方经济关系，以缴纳保险费建立起来的保险基金，对保险合同规定范围内的灾害事故所造成的损失进行经济补偿或给付的一种经济形式。通俗地讲，保险就是保障在未来风险事件发生时，我们的日常生活不会受到太大的影响，即保险虽然不能改变你的生活，但是却可以使你的生活不被改变。

保险，现在也是我们大家共同关注的话题。它给千千万万的家庭送去了安宁和保障，为人们解决了后顾之忧。在现代社会中，我们每个人都有一定的风险意识，许多人都在无意间为自己做着保险。比如现在大多数家庭都安装了防盗门，为个人的财产提供保障；房间里都备有一些应急药品，以应对意外的发生；每个月都额外地存一些钱，作为家人的医疗费用或是以备不时之需等。正是因为人们都有规避风险的意识，保险才应运而生，它可以帮助人们应对意外事件的发生，比如疾病、车祸或是其他不幸的降临。但是我们要清楚，保险并没有消灭风险，它只是风险发生时的应对措施。

举个例子来说，假如一个人现在得了癌症。他的家人找了所有的亲戚朋友来帮忙，而这些人加起来，能凑齐 100 个已经很不错了。按每个人都能拿出 1000 元钱来帮忙的话，那一共加起来也不过 10 万元钱。大家都知道，10 万元对于癌症治疗来说根本不够，又如何让家人以后的生活有保障呢。但是，如果这个人有 10 万个亲戚朋友呢？那么，即使每个人只拿出 10 元钱，也能凑齐 100 万元的大数目了。而一个人拿出 10 元钱起码要比 1000 元容易得多，可是要认识 10 万个亲戚朋友又谈何容易呢？我们恐怕一辈子也认识不了那么多人。

然而，通过保险，就完全可以帮你去“结交”10 万个亲戚朋友，而在这 10 万个亲戚朋友中的任何一人发生了意外，我们也都要拿出 10 元钱去帮助他。这样一来，当最不如意的事情突然降临到我们身上时，别人也会来帮助我们。所以保险就是把个人的风险转换到了大家的身上，这样每个人都只承担一小部分，那么，即使风险发生了，我们也可以应对自如。而保险公司所要做的就是公平地收集、管理资金，把一部分资金分配到需要帮助的人手里，另一部分资金则拿去做投资以给公司带来利益。

根据不同的分类标准，我们可以将保险分为以下五大类：

财产保险、人身保险与责任保险

根据保险标的（保险对象的财产及其有关利益，或者是人的寿命和身体）不同，保险可分为财产保险、人身保险和责任保险。财产保险是以物或其他财产利益为标的的保险。广义的财产险包括有形财产险和无形财产险；人身保险是以人的生命、身体或健康作为保险标的的保险；责任保险是以被保险人的民事损害赔偿责任为保险标的的保险。

在每一个大类下，我们又可以细分为若干小类。例如，人身保险中又包括人寿保险、人身意外伤害保险和健康保险。

个人保险与商务保险

根据被保险人的不同，保险可分为个人保险和商务保险。其中，个人保险是以个人或家庭作为被保险人的保险。商务保险是以工厂、商店等经营单位作为被保险人的保险。

强制保险与自愿保险

根据实施形式的不同，保险可分为强制保险和自愿保险。强制保险又称法定保险，它是由国家颁布法令强制被保险人参加的保险。比如，机动车第三者责任保险规定为强制保险的险种。自愿保险是在自愿原则下，投保人与保险人双方在平等的基础上，通过订立保险合同而建立的保险关系。

原保险与再保险

根据业务承保方式的不同，保险可分为原保险和再保险。原保险是保险人与投保人之间直接签订保险合同而建立保险关系的一种保险。在原保险关系中，保险需求者将其风险转嫁给保险人，当保险标的遭受保险责任范围内的损失时，保险人直接对被保险人承担赔偿责任。再保险是原保险人以其所承保的风险，再向其他保险人投保，与之共担风险的保险。

商业保险与社会保险

根据是否营利的标准，保险可分为商业保险和社会保险。商业保险主要是以营利为目的的保险。社会保险是不以营利为目的的保险。

贫穷和富贵都是在变革中产生的，我们现在手中的钱并不见得有多牢靠。生活中，有许多富裕的家庭都因疾病或是意外返贫。其实，疾病也好，意外也罢，都不是人生的特例，而是每个人生命中必须计算的成本。

李嘉诚和王永庆都很有钱，似乎完全不需要用保险来解决医疗、意外事故、养老之类的事情，但是他们却都买了大量的保险。因为他们明白，钱只是目前拥有的财富，谁也不可能保证这些财富能一直保值、增值，能一直拥有下去，不可预测的经济形势和不可预测的人身风险，都可能让财富不复存在。所以，当我们和我们的财富不可预测时，保险会为我们提供保障。

利率——怎样存钱才能让收益最大化

杨梅来北京工作已经两年了，因为工资有限，想学人家炒股、买基金，但又怕承担风险，于是索性把钱都存进了银行。她当时存入的是5000元钱，可一年下来，连本带息一共才5175元，她初步估算了一下，这175元的利息连通货膨胀率都抵消不了，存入银行的钱一点甜头都没尝到，还不如不存。杨梅非常不理解，为什么会出现这种现象呢？

在现实生活中，很多人可能都和杨梅有一样的想法，认为把钱存进银行里，银行给利息，自然就会赚到钱。但是，大家认真想过自己到底赚了还是亏了吗？这其中究竟有什么奥秘呢？

这还要从“利率”说起。利率又称利息率，在经济学中表示一定时期内利息量与本金的比率，通常用百分比表示，按年计算则称为年利率，其计算公式是：

利率 = 利息量 ÷ 本金 ÷ 时间 ×100%

在通常情况下，因为可以获得利息，人们把钱存进银行是有利可图的。但是在通货膨胀的情况下就不一定了。当通货膨胀率高过银行存款利率时，如果你只把钱存在银行里，就会发现财富不但没有增加，反而随着物价的上涨缩水了。这就是所谓的存款实际收益为“负”的负利率现象。负利率的水平等于银行的利率减去通货膨胀率，比如我国当前一年期的银行存款利率是 3.50%，而当前的通货膨胀率是 5.4%，那么，你存入银行的钱就会比去年缩水 1.9%。

就事例中的杨梅来说，她只把银行当成放钱的地方，而不考虑如何赚取银行的利息，不仅在无形中损失了很多理应得到的利益，还因为通货膨胀而使自己的钱贬值。

明白了以上有关利率的奥秘，我们就要改一改自己的存钱方式了，那么，怎样精打细算才能使我们最大程度地获利呢？

首先，你可以用“滚雪球”的方式存钱。一般刚步入社会的年轻人存款并不多，收入主要以工资为主。绝大多数人都会选择直接存到卡上，通常是用多少取多少，每月剩余部分放在卡里赚活期利息。其实，虽然这种方法用起来方便些，但里面损失了多少利息却是大家没有注意到的。为了避免以上损失的发生，在这里建议大家不妨运用“滚雪球”的方式来存钱。具体方法就是将每个月攒下来的钱存一年的定期，那么，这一年下来，你的手中就有了 12 张存单。等到第二年的时候，不管到了哪个月都可以取出到期的存款。当然，如果到期时你并不需要用钱，可以将本金和利息一起继续存一年定期。

这样有规律的存款方式也可以说是一种强制存款的方式。每月按时存入工资的剩余部分，养成一种“节流”的好习惯，可以严格地控制自己的消费欲望。同时，这种“滚雪球”的方法还可以保证不会再让利息从你的手指缝中漏掉了。

其次，你可以办理“七天通知存款”。“七天通知存款”是一种介于活期存款和定期存款之间的存款业务，它的起存金额为 5 万元，目前各大银行都推出了这种自动转存的服务。人们往银行里注入资金后，所获得的利息比活期存款更高，但比 1 年期定期存款的利息又稍微低一些。它最大的好处是银行将以 7 天为一周期自动转存并计算复利。

具体的操作是：提取存款时要提前 7 天通知银行。你如果之前没有建立通知，需要马上取出资金，那么只能享受活期利息，当然，如果通知后逾期取款的话,利息也会按照活期存款的利率计息,这也是我们需要注意的。

目前，“7 天通知存款”年利率为 1.35%，活期利率为 0.35%，一年期定存利率为 3.00 %。如果我们有一笔闲散、不能确定何时用的钱，完全可以利用“七天通知存款”来提高利息收益。这样做，一方面是避免了因存款到期后不及时转存，逾期部分按活期计息的损失，另一方面也可以赚得复利部分的利息，让钱生钱。

假如你有 10 万元的资金存入银行，一个月内活期的利息是：100000×0.35%÷360×30=29.17 元；如果我们办理“7 天通知存款”的话，一个月内的利息是：100000 元 ×1.35%÷360×30=112.50 元。可以看出，后者是前者的近 4 倍。

再者，我们“不要把鸡蛋放在同一个篮子里”，要学会分开储蓄。假定你现在有 10 万元的现金，可以将它分成 1 万元、2 万元、3 万元、4 万元的不同额度来储蓄，每份都存一年的定期。那么，在这一年之内不管你需要多少钱，都可以取出和所需金额数接近的那张存单，剩下的可以继续享受定期的利息，不会有过多损失。这样既能满足用钱需求，也能最大限度得到利息收入。

这种方法适用于一年之内有用钱的可能，但不确定什么时间、多少金额的情况。这种切割分份的储蓄法，利息不仅会比存活期储蓄高很多，而且在用钱的时候也能以最小的损失取出所需的资金。如果我们把所有的存款都存进一个账户里，也就等同于经济学上的“把鸡蛋放到了同一个篮子里”，等到用钱时银行就会把这10万元的利息全用活期的利率来核算，那我们无形中就损失了很多。

最后一点，我们要懂得同时储蓄。具体操作是：假定你的手中有4万元现金，可以把它平均分成两份，每份2万元，然后分别存成半年和一年的定期存款。半年后，如果你不需要用钱的话，可以将到期的半年期存款改存成一年期的存款，并将两张一年期的存单都设定成为自动转存。这样交替储蓄，循环周期为半年，每半年就会有一张一年期的存款到期可以用。这种方法灵活实用，可以满足我们的不时之需。

对于大学生或者刚刚参加工作的年轻人来说，手中并没有多少投资额，只是有一些小额闲置资金。因此，这种方法最适合还在事业初期的奋斗者。

在现代社会中，人们在关注股票、基金、债券等概念时，却逐渐忽视了储蓄的存在。其实储蓄是所有投资理财的基础，当投资在前方冲锋陷阵时，储蓄完全可以做后方的能量补给，只有两种方式同时运用得当，才能让我们在奋斗的过程中游刃有余，使得我们即使处于负利率时代也会反败为胜。总之，我们要想获得最大化的利益，就应把储蓄当成一种投资。根据自己的具体情况进行合理的选择，这样就会让手里的余钱变出更多的利益来。

复利——如何让你的财富“滚雪球”

赌博是“快速自杀”，储蓄是被通货膨胀“慢性他杀”，炒这炒那容易被危机或灾难“瞬间秒杀”，只有复利才是人生和投资理财的大方向，也许复利不是万能的，但没有复利却是万万不能的。

举个简单的例子，假如你有 10 万元的本金，按照年收益率 10% 来计算，第一年末你将得到 11 万元，如果把这 11 万元继续按 10% 的收益来投资，第二年末你的收益将是 11×1.1=12.1 万元。如此循环，第三年末就是 12.1×1.1=13.31 万元……那么，等到第八年就是 21.4 万元。

这就是复利的魔力，因为它的计算是对本金及其产生的利息一并计算，也就是“利滚利”，所以我们投资的资金可以年复一年地获取利息、股息等资本回报，然后再把这些额外的回报和当初的本金加在一起再次投资，如此循环，规模无限扩大，收益也就无限扩大。就像滚雪球一样，如果将一个小雪球从山顶滚下来，只要这个雪球的黏性够大，在路过的山坡间便会不断黏附更多的雪花，最终形成难以想象的大雪球。

有一个古老的故事，讲的是一个爱下象棋的国王，在他的国度从未遇到过对手。为了找到对手，他下了一个诏书，诏书中说无论是谁，只要打败他，国王就会答应他的任何要求。一天，一个年轻人来到了皇宫，要求与国王下棋。经过紧张激战，年轻人终于赢了国王，国王问这个年轻人要什么样的奖赏，年轻人说他只要一点小小的奖赏，就是在棋盘的第一个格子中放上一颗麦子，在第二个格子中放入前一个格子的两倍，每一个格子都是前一个格子中麦子数量的两倍，一直将棋盘摆满为止。国王觉得很容易就可以满足他的要求，于是便同意了。但很快国王就发现，即使将国库所有的粮食给他也不够。因为即使一粒麦子只有一克重，也需要数十万亿

吨的麦子才够。尽管从表面上看他的起点十分低，从一颗麦子开始，但是经过多次的乘积，就迅速变 成庞大的数字。

其实，这就是复利的威力，爱因斯坦也曾说过：“复利的威力大过原子弹。”它通常以很小的资金起步，经过长时间的“利滚利”而积攒成很大一笔财富。

大家都知道香港首富李嘉诚先生，他从 16 岁开始创业，到 73 岁时，家产已达 188 亿美元，这个天文数字对于普通人是不可想象的。但是我们仔细来算，如果我们有一万美元，每一年复利可以达到 28%，那我们用同样的时间，就可以做到像李嘉诚一样出色。其实一年的利润并不高，我们也许能在几个月的时间里获得比这高得多的收益，但事实上，成功不是在于一两次的暴利，而是是否能够稳定、持续地保持。

30 岁之前的钱是用体力换来的，30 岁之后就一定要用钱来赚钱。在人生中，追求财富的过程不是百米赛跑，也不是千米长跑，而是要在数十年的时间距离上进行耐力比赛。

当然，复利并不是“一本万利”的，也有可能亏损。毕竟谁都不能保证自己的投资一定会赢利。如果你选错了投资时间、投资对象，那么你的成本不仅不能按复利增长，还有可能会亏损。时下，很多人在投资时，可能会首选收益比较大的项目，却忽略了这些项目的风险性。要知道，收益越大，风险也就越高，如果稍不留神就很可能血本无归。所以，作为一个初入社会的投资者，一定以“不亏损”为原则，坚持长期投资。只有这样，你的投资收益才会像雪球一样越滚越大。

套利——如何低买高卖，成就致富梦

套利是指在一个市场上买进商品、外汇或是证券的同时，又在另一市场以高于之前市场的价格卖出，来赚取中间差价的行为。也就是说，在同一时间进行低买高卖，来套取利润的操作。

通常情况下，西方各个国家的利息率是高低不同的，有的国家利息率高一些，有的国家利息率低一些。利息率高低是影响国际资本活动的一个重要因素，在没有资金管制的情况下，资本就会流出国界，从利息率较低的国家转入到利息率较高的国家，然后从中“套利”。更贴切地说，就像在不同城市间，如果一种商品的价格存在差额，就会有人把它从价格低的城市贩卖到价格高的城市，从中赚取差价。所以，套利活动的有效性以两地间的运输或是交易的成本为限，直到两地间的价差小于运输交易的成本为止。

举个例子来说，假设在某一时期内，1 英镑在华盛顿与美元的兑换率低于 1 英镑在伦敦与美元的兑换率。那么，如果两个市场上的汇率之差高于交易费用，套利者就会用英镑在华盛顿市场上买进美元，然后在伦敦市场上卖出美元换回英镑。那套利者的净收入就是两个市场的汇率之差减去交易费用。但是，套利者的行为也会让买进市场（华盛顿）英镑的兑换率提升，使卖出市场（伦敦）英镑的兑换率下降。目前，套利交易已经成为国际金融市场上一种重要的交易方式。

但是，在我们的日常生活中，套利却并不是那么容易的。比如我们都知道苏州的日用品比上海要便宜，但是让上海人都到苏州去买日用品却是不现实的，除非从上海到苏州的交通费极低且一次性购买的量大。生活中套利的终极方式还是搬家——人们从成本高的地方搬到成本低的地方。例如 1989 年的东京，正经历着大规模的房地产泡沫。一个叫浜田幸一的男人和家人住在一座大约有 130 平方米的独栋房子里，当时这个房子价值 600 万美元，他家的年收入大约是 12 万美元。而当时美国和日本的国债收益率都超过 7%，也就是说，不动资产的价值相当于家庭年收入的 50 倍，而房屋价值的利息收入是他们家庭年收入的 3 倍左右。由此一来，他们完全可以卖掉房子，用这笔钱来购买美国国债，这可以让他们在美国过上贵族般的生活，然后等到房地产价格下跌后再搬回来。

利用房地产进行套利的大有人在，比如很多台湾人退休后就搬到了上海。6 年前，台北房价大约是上海的 3 倍还要多。一个退休者卖掉台北的房子，可以在上海买到相同大小的房子，还能留下一笔存款。对于那些籍贯是上海的台湾人来说，套利就更为可行了。

目前，套利已经成为国内经济市场和国际金融市场的重要交易方式。特别是随着我国期货市场规模的不断扩大，市场中蕴藏着大量的套利机会，只要我们用心研究、学习相关知识，及时捕捉机会，套利势必会给我们带来满意的回报。

套利一般可以分为三种：

跨期套利

跨期套利是套利交易中最普遍的一种。简单来说，跨期套利是利用相同品种的不同交割月份合约之间差价变动来进行的。它分为牛市套利和熊市套利两种形式。举个例子来说，假设 5 月玉米和 8 月玉米的价格现在分别是 1.5 元一斤和 1.8 元一斤，如果你判断它们之间的差价将会缩小，比如 5 月变成 1.82 元一斤、8 月变成 1.89 元一斤时，那么就可以买 5 月卖 8 月，待差价缩小后，你就可以同时平仓获取利润了。这样不仅可以避免行情剧烈变动带来的风险，还可以获得稳定的收益。

跨市套利

跨市套利是在不同交易所之间的套利交易行为。当同一期货商品合约在两个或更多的交易所进行交易时，由于区域间的地理差别，各商品合约间存在一定的价差关系。例如伦敦金属交易所 (LME) 与上海期货交易所 (SHFE) 都进行阴极铜的期货交易，每年两个市场间会出现几次价差超出正常范围的情况，这为交易者的跨市套利提供了机会。例如，当 LME 铜价低于 SHFE 时，交易者可以在买入 LME 铜合约的 同时，卖出 SHFE 的铜合约，待两个市场价格关系恢复正常时再将买 卖合约对冲平仓并从中获利，反之亦然。在做跨市套利时应注意影响 各市场价格差的几个因素，如运费、关税、汇率等。

跨商品套利

跨商品套利指的是利用两种不同的、但相关联商品之间的价差进行交易。这两种商品之间具有相互套利替代性或受同一供求因素制约。跨商品套利的交易形式是同时买进和卖出相同交割月份但不同种类的商品期货合约。例如金属之间、农产品之间、金属与能源之间等都可以进行套利交易。

交易者之所以进行套利交易，主要是因为套利的风险较低，套利交易可以为避免始料未及的或因价格剧烈波动而引起的损失提供某种保护，但套利的盈利能力也较直接交易小。套利的主要作用：一是帮助扭曲的市场价格回复到正常水平，二是增强市场的流动性。

一个简单的例子就是，以较低的利率借入资金，同时以较高的利率贷出资金，假定没有违约风险，此项行为就是套利。这里最重要的是时间的同一性和收益为正的确定性。

套利相对于单向投机而言，交易风险较低，同时又能取得较为稳定的利润，是一种比较稳健的交易方式。但是值得注意的是，套利交易必须在正确的时机，按照操作规程进行，否则，就不能达到应有的效果。

财务杠杆——用绵薄之力撬动财富之门

当我们还在读书的时候，就在物理课本中学过，利用一个支点和一根杠杆，再施加很小的力量就足以抬起很重的物体。而这个理论，在我们的理财策略上，也同样是适用的，我们一样可以找到这样一根神奇的杠杆，能够起到四两拨千斤、以小搏大的效果，这就是我们所说的“财务杠杆”。

下面我们就以企业为例来具体谈一下财务杠杆。

我们都知道，企业生产经营的过程中总需要一定的资金，那么想要获得资金有哪些渠道呢？总结起来有两种方式：负债筹资和权益筹资（例如，经营者自有资本投资）。企业的全部资金都依靠经营者投资明显是不现实的，这样对企业的投资者来说也不一定是有利的。事实上，举债经营的原因并不是因为资金短缺造成的，而是企业的经营策略之一，简单来说，就是平时我们常说的“借鸡下蛋”，把“鸡”还回去，而“蛋”就归我们自己所有了，何乐而不为呢？

有一个问题是十分值得注意的，那就是借来的“鸡”一定要会下“蛋”。举例来说，某企业的投资人投入2000万元，预计能够产生20%的报酬率，如果全部都是用投资人自有资金来投资，那么这2000万元的自有资金的资本报酬额为400万元。但是如果该投资人拿出2000万元，另外又借1000万元，借款年利率15%，资本报酬率仍然是20%，报酬额为600万元[（2000＋1000）×20%]，减去借款负担的利息费用150万元（1000×15%）之后，报酬总额为450万元。从上面的例子中我们可以看出，当投资报酬率比利息率高的情况下，适当负债对经营者来说是有利的，这就是财务管理中的财务杠杆基本原理，也就是说企业筹资结构中负债的运用对企业生产经营有着重要的影响。因为在企业资本总额不变的情况下，当企业财务结构中保持一定比例的固定资金成本（借款、优先股股金）时，企业需从营业利润中支付的债务成本（利息、优先股股息、租赁费）是一定的。当营业利润增加或减少时，每 1 元营业利润所承担的债务成本也会相应减少或增加，从而给每股普通股带来额外的利润或损失，即为财务杠杆的作用。其财务杠杆系数＝权益资本收益变动率／息税前利润变动率＝息税利润／（息税前利润－债务利息）。

阿基米德曾经说过："给我一个支点，我就能撬动整个地球。"将这句话延伸到财务杠杆上就是："借我足够多的钱，我就能获得巨大的财富回报。"财务杠杆是利用借来的钱，为自己创造财富的一种方式。另外，对于整个企业而言，利息计入期间费用是可以在税前利润抵减的，而支付给股东的红利却不能在税前扣减，要在税后利润中支付。在考虑所得税因素后，企业的利息负担就不是原来按利率计算的利息额，而是扣除所得税后的余额。这样，如果借款 1000 万元，利率为 10%，该企业是盈利，贷款可税前列支，免缴所得税 33%，实际企业只负担 6.7%。

另外，假如合理运用财务杠杆，并且使财务杠杆和经营杠杆配合使用，就能够对净利润产生联合撬动效应。与此同时，一定要明白借贷的双刃剑的作用。财务杠杆也能够对企业财务风险的指标进行衡量，两者呈正向变动关系。在营业利润偏离期望值的程度一定的情况下，财务杠杆系数越大，净利润的变化程度就越高，潜在的财务风险也越大。假如某企业的财务杠杆系数为 2，表明净利润会以 2 倍息税前收益的变化速率变化，财务风险较大。

利用财务杠杆操作看起来效益十分可观，但是必须建立在"操作得当"的情况之下，前提为期望报酬率必须高于贷款利率，但是如果判断错误，投资报酬率没有预期的高，甚至是负的时候，再加上需要负担的借贷利息，就变成“反财务杠杆操作”，反而损失惨重。因此，财务杠杆操作虽然在投资上常被利用，但仍是一种较高风险的投资策略，投资人若个性保守，或不能承担亏损的后果，就尽量少利用为好。只有当企业盈利率高于借入资金的利息率时，财务杠杆的正效用才会有效发挥，如果借入资金所获得的收入还不足于补偿为获得这笔资金所支付的费用，负债融资只能成为企业的负担，甚至还会威胁到企业的发展与生存。

在市场经济条件下，不论资本的来源如何，总是要付出一定代价的。假如经营者已决定进行举债投资，那么，接下来就要考虑，举多少债是比较合适的。这个问题是至关重要的，这里蕴含了许多财务管理上的技能。借债也是有限度的，我们要考虑企业的财务状况和偿还能力，即便是盈利企业，也会有因为举债不佳而陷入财务危机的可能性。所以，在利用财务杠杆的时候，绝对不可以孤立地、教条地对待问题，一定要综合考虑企业内外部的综合因素。“财务杠杆”如果利用恰当，的确能够撬动财富之门，假如利用不佳的话，也有可能造成难以挽回的损失。财务杠杆利益以及财务风险是企业资本结构决策的重要因素之一，理财筹资决策需要在杠杆利益与其相关的风险之间进行合理的权衡。

假如企业未来的销售额相对稳定的话，企业就不会发生举债而导致短时间内无力偿债的情况，在这种情况下，企业采用较高的财务杠杆也就不会产生后顾之忧。在行业竞争激烈的条件之下，采用高财务杠杆就要承担较大的风险。当然，资产的雄厚程度、投资报酬率，以及通货膨胀率等都是一定要考虑的因素，假如以上条件没有考虑周全的话，“鸡”不仅不能下“蛋”，相反的，还会倒蚀一把“米”。所以，不能为了获取撬动效应而置风险于不顾。

第7章　他山之石，可以攻玉
——让你无往而不胜的职场经济学

内卷化效应——为什么你的工作缺乏激情

只有充分发挥自我的力量，更新自己的观念，提升自己的能力，才能走出内卷化的沼泽，从而使得自己的职业生涯呈现出一片勃勃生机。

多年前，一位中央电视台的记者去陕北采访了一个放羊的男孩，曾留下这样一段经典对话。记者问这个放羊的男孩：

“你为什么要放羊？”

“为了赚钱。”

“你赚了钱准备干什么呢？”

“赚了钱要娶媳妇儿。”

“娶媳妇儿干什么？”

“生孩子。”

“生孩子干什么？”

“放羊。”

……

男孩为什么会说出这番话？很显然，他受到了父辈们的影响。千百年来，中国农民日出而耕，日落而息。他们早已习惯了这样的生活方式，并认为如此繁衍生息下去合情合理。于是，子辈们继承了父辈们的命运，一代接着一代，任劳任怨地在黄土地上劳作。

不要笑话男孩的单纯与保守，其实，这样的例子在生活中也不胜枚举。年轻的你不妨审视一下自己，是不是也像男孩一样陷入了一种原地打转的状态。例如：你是否在职场上打拼了几年，却依旧停留在初入公司时的水平线上？你是否感觉自己无所作为，无法突破，甚至有了一点自怨自艾的思想？你是否终日都在嫉妒别人、抱怨自己或怨天尤人？……如果是，那么你已陷入泥沼之中了，而这个泥沼便是“内卷化效应”。

让我们来进一步了解一下这个名词。“内卷化”是 20 世纪 60 年代末，美国著名人类文化学家利福德·盖尔茨提出的概念，后广泛应用于经济学。当时他正在研究爪哇国的水稻业，他发现那里的农业生产长期以来没有任何进步，于是索性把这种现象称为“内卷化”。后来，这个学术概念被引申为一种状态：指一个社会、一个组织甚至一个人，既没有突破性的发展，又没有渐进式的增长，只是在一个简单层次上无休止地自我重复、自我消耗。

这真是一种可怕的状态！对于正在读书的学生来说，假如你学坏了，老师就有可能放弃你，而他越是放弃你，你就越是破罐子破摔；对于干事

业的年轻人来说，你没有作为就会消极，而你越消极，便更加没有作为……长此下去，你不仅会停滞不前，更有可能倒退。因此，若想出人头地，若想加薪升职，就要走出“内卷化”，让一切重新开始。

如何走出“内卷化”呢？自身的力量很重要。首先，你要提升自己的意志力。我们常说，观念决定人的命运。如果一个人认为自己未来能有所建树，那么他一定会为自己的目标付诸行动，到时，结果会朝着他想要的方向发展；而如果一个人自怨自艾，认为自己这辈子没有发展了，那么他在这种消极思想的左右下，可能真的就没有任何进展了，他将在自暴自弃中度过余生。

当然，时刻让自己保有旺盛的求知欲也是避免陷入内卷化效应的方法之一。人一旦有了求知欲，便会喜爱学习，不断地开阔视野，转化思想，突破、超越自我，从而为个人的职业生涯开拓出新的天地。

蝴蝶效应——细节能改变你的轨迹

“蝴蝶效应”是由美国气象学家洛伦兹在华盛顿的美国科学促进会的一次讲演中提出的，它的内容是：一只南美洲亚马逊河边热带雨林中的蝴蝶，偶尔扇几下翅膀，就有可能在两周后引起美国得克萨斯的一场龙卷风。原因在于蝴蝶翅膀的运动，会导致其身边的空气系统发生变化，并引起微弱气流的产生，而微弱气流的产生又会引起它四周空气或其他系统产生相应变化，由此引起连锁反应，最终导致其他系统的极大变化。

“蝴蝶效应”听起来有些夸张，但是却解释了哲学中的“普遍联系性”。即事物某一环节出现的一个极小的偏差，都有可能引起结果的极大变化。西方有一个民谣就生动、形象地解释了这一现象：少了一枚钉子，掉了一只蹄铁；掉了一只蹄铁，毁了一匹战马；毁了一匹 战马，摔死了一位将军；摔死了一位将军，吃了一场败仗；吃了一场 败仗，亡了一个国家……

马蹄铁上一枚钉子的丢失，本是初始条件中十分微小、不易察觉的变化，但其“长期”效应却影响了一个国家的存与亡。这就是政治和经济领域中十分重要的“蝴蝶效应”。我们由此可以明白，如果对一个微小的纰漏不以为然、任其发展，那它就有可能像多米诺骨牌那样引起全局的崩溃。正如一阵微风可能引发一场雪崩，一个烟头可以点燃整个森林。

名扬天下的美国福特公司，曾经不仅使美国的汽车产业在世界上称霸，而且改变了整个美国的国民经济状况，可谁又能想到如此成功的创造者福特，当初进入公司时的“敲门砖”竟是“捡废纸”这个简单的动作。

那时福特刚走出大学校门，来到一家汽车公司应聘。当时，一同应聘的几个人学历都比他高，福特感到自己几乎没有希望了。当他敲门走进经理办公室时，发现书桌旁的地上有一张纸，他很自然地弯腰把它捡了起来，看了看，原来是一张废纸，就顺手把它扔进了垃圾桶。

经理将这一切都看在了眼里。福特刚说了一句话："您好，我是来应聘的福特。"经理就发出了邀请："很好，福特先生，你已经被我们公司录用了。"这个让福特感到震惊的决定，实际上源于他那个不经意的动作。经理接着说："你的竞争对手确实学历比你高很多，但是，他们的眼里只能看到大事，对细节、小事置若罔闻。而你的眼里不管大小事都能看得到、关注得到，我认为，一个人连细节都能懂得处理，将来必定会有所作为。"从那以后，福特就开始了他的辉煌之路，并最终让福特汽车闻名全世界。

福特的成功其实绝不是偶然，而是必然。他下意识的动作是他习惯、性格的表现，同时，这个动作也体现了他积极的人生态度，这正如美国心理学家詹姆士所说："播下一个行动，你将收获一种习惯；播下一种习惯，你将收获一种性格；播下一种性格，你将收获一种命运。"在我们的一生中，一次大胆的挑战，一个灿烂的微笑，一个习惯性的动作，都可以产生意想不到的辉煌和成功，它所能带来的远远不止于一点点表面上的报酬。

2003 年美国的"疯牛病"，相信大家现在仍是记忆犹新。那时，美国的经济刚刚复苏，却因为疯牛病引起了一场"蝴蝶效应"，而阻碍了经济发展和恢复的脚步。扇动"蝴蝶翅膀"的，是那头莫名其妙的"疯牛"，受到冲击的，则是倒霉的美国牛肉产业和 140 万个工作岗位。而同时受到波及的还有养牛业主要饲料来源的美国玉米业和大豆业，导致其期货价格呈现下降趋势。到最后，将疯牛病损失推波助澜到最大的，还是美国消费者对牛肉产品再次出现的信心不足。在全球化的时代，这种恐慌情绪不仅造成了美国国内餐饮企业的惨淡、萧条，还使得全球，至少 10 个国家紧急宣布禁止进口美国牛肉，就连远在大洋彼岸的我国广东等地的居民都对西餐敬而远之。导致美国出口贸易锐减，经济损失惨重。

由此我们可以看出，经济发展的成败是要统筹全局的，忽视了其中的任何一个环节，都有可能对整个经济的运行造成不良影响。在职场中也同样是这个道理，只有注重小事，不看轻细节，才不会因为一着不慎，而满盘皆输。

木桶定律——关注“短板”，别让缺陷拖累你

木桶理论所要表达的是：组成木桶的木板如果长短不齐，那么木桶的盛水量并不是取决于最长的那一块木板，而是取决于最短的那一块木板。木桶定律说明了个人或组织的能力与水平并非由最好的部分决定，反而由劣势的部分决定。

举个简单的例子来说，如果你的考试成绩中数学和物理两门拿了满分，而历史和政治的成绩却很差，那么你的总成绩就会被差的科目拉下来。你可能想既然这些劣势部分决定了你的总体水平，那去掉这些劣势部分不就可以了？你有这个想法就说明你还没有意识到“最短的木板”也是木桶不可或缺的一部分。你不能因为自己历史、政治很差就不去考试了，所以这些劣势部分并不是想去掉就能去掉的。

每个人都在不同程度上存在着缺点和不足。面对自己的这些缺点和不足，有些人从没察觉到，有些人虽然有所察觉，却听之任之，于是，他们永远只能在原地踏步或不断退步。

劣势牵动优势，劣势决定成败，这就是市场竞争的法则。在这个竞争激烈的时代，每个职场人员一定要有忧患意识，时刻审视自己，如果发现自身存在着“短木板”，一定要迅速将它做长补齐。否则，它给你带来的损失将会是致命的，这个道理同样适用于企业。

华讯有一个员工，由于不受主管重用，工作时的一些想法也不能被主管肯定，从而终日郁结难舒，毫无工作热情。这时刚巧摩托罗拉公司需要从华讯借调一名技术人员去协助他们搞市场服务。华讯的总经理在深思熟虑之后，决定派这位员工去。这位员工很高兴，觉得终于有了一个施展自己拳脚的机会了。去之前，总经理只对那位员工简单嘱咐了几句：“出去

工作，既代表公司，也代表我们个人。怎样做，不用我教。如果觉得顶不住了，打个电话回来。”一个月过后，摩 托罗拉公司打来电话 ：“你派出的兵还真行！”“我还有更好的呢！”华讯的总经理在不忘推销公司的同时，总算松了一口气，因为他知道 这位员工并不是最优秀的。这位员工回来后，部门主管对他另眼相看，同事们也啧啧称赞，他自己也变得自信起来了。后来，他还对华讯的 发展作出了不小的贡献。

从华讯的例子中可以看出，只有重视对“短木板”的激励，才可以使“短木板”慢慢变长，从而提高自身的实力。

被誉为美国“最佳管理者”的 GE 公司总裁麦克尼尔宣称，GE 每年的员工培训费用高达 5 亿美元，并且还会成倍增长。惠普公司内部，有一项关于管理规范的教育项目，仅是这一个培训项目，每年的研究经费就高达数百万美元。他们不仅研究教育内容，而且还研究哪一种教育方式更容易被人们所接受。

员工培训实质上就是通过培训来增大“水桶”的容量，增强企业的总体实力。而要想提升企业的整体实力和综合绩效，除了对全体员工进行培训外，更要注重对“短木板”，即非明星员工能力的开发。只有对能力较低员工的关注与培养到位，才能提高团队的综合实力，促进企业的和谐发展。

总之，一个企业要想成为一个容量大、结实耐用的水桶，首先就要想方设法地提高所有木板的长度，让他们都保持“足够高”的高度。而一个人要想在职场出人头地，就要尽快把自己的“短板”补齐。

手表定律——目标太多等于没有目标

在森林里生活着一群猴子，每天太阳升起的时候它们都会外出觅食，太阳落山的时候再回去休息，日子过得平静而幸福。

一天，一名游客在穿越森林的时候，把手表落在了树下的岩石上，手表被猴子猛可捡到了。聪明的猛可很快就搞清楚了手表的用途。于是，猛可成了整个猴群的明星，每只猴子都向猛可询问时间，猴群的作息时间也由猛可来规划。就这样，猛可迅速地建立起了威望，当上了猴王。

做了猴王的猛可认为是这块手表给自己带来了好运，于是它每天在森林里寻找，希望能够拾到更多的手表。终于，功夫不负有心人，猛可又拥有了第二块、第三块手表。

但问题很快出现了：每只表的时间显示都不相同，到底哪一个才是确切的时间呢？猛可被这个问题难住了。当有猴子来问时间时，猛可支支吾吾回答不上来，整个猴群的作息时间也因此变得混乱。过了一段时间，猴子们联合起来把猛可推下了猴王的宝座，猛可的收藏品也被新任猴王据为己有。但很快，新任猴王也面临了与猛可一样的困惑。

这就是著名的“手表定律”。它所要告诉我们的就是，当我们只有一块手表时，可以知道时间，拥有两块或更多的手表，却无法确定时间了。因为更多的手表并不能告诉人们更准确的时间，反而会让看表的人迷惑，失去对准确时间的信心。

同样，对于一件事情，不能同时设定两个不同的目标，否则将使这件事情毫无头绪、无法完成。

世界著名男高音歌唱家卢卡诺·帕瓦罗蒂就曾经有过一段迷茫、困顿的时期。在他即将从一所师范学院毕业时，他陷入了深深的苦恼之中：毕业后是做一名平凡的教师，还是从事自己喜爱的歌唱事业呢？或者是二者兼顾？这确实是个困难的选择。帕瓦罗蒂在大学里学的专业是教育，但是他其实更喜欢唱歌。到底该如何选择呢？在思想斗争毫无结果之后，他只得向自己的父亲请教。

父亲沉思了一会儿之后，对儿子说：“孩子，如果你想同时坐在两把椅子上的话，那你也许会从椅子间的空隙中掉到地上。因为生活要求你只能选一把椅子。”帕瓦罗蒂听了父亲的话后，终于下定了决心，选择在歌唱艺术的道路上艰难而不屈地前进，最终成为一名世界巨星。从以上事例可以看出，无论是对于企业的经营管理，还是对于我们的人生之路，都必须有一个明确的目标，然后脚踏实地、坚定不移地去努力，只有这样才会有成功的机会。

这个世界上存在着太多的标准，对于同一件事情，每个人的思维方式不同，观点自然也就不同。所以，几乎每件事情都能用不同的标准来衡量，都会有不同意见供你选择。在生活中，我们经常要参考别人的意见和标准，但并不是标准越多越好。因为标准多了，反而会让自己无所适从。所以，我们只要坚持自己的观点和立场便足够了。

无论是在生活还是工作中，挫折和磨难都不是问题，问题在于我们要坚守那个属于自己的“手表”，把时间校正，认定一种价值观，确立一个目标，在人生的旅途中不断奋斗、前进。

250定律——真心赢得每一位顾客

一位上了年纪的妇人走进了一家家具店，说10年前在这家店里买了一张沙发，可现在它的一条腿掉了，想让店里免费为她修理。家具店老板带着他的儿子，当天下午就到这位妇人家里去修沙发，给她的沙发新换了一条腿。

其实，在为老妇人修沙发时，他们就从标签上发现那张沙发并不是他们店卖的。儿子不解地问父亲："她根本就不是我们的顾客，为什么我们还要一分钱不收地为她修理沙发？"父亲看着儿子的眼睛，郑重地说道："不。现在她是我们的顾客了。"两天后，那位老妇人再次光临。这一次她从这家店里买走了价值几千美元的新家具。不仅如此，那位老妇人还变成了这家家具店的"活广告"，逢人就介绍他们的服务做得好。

在商界有这样一句名言——顾客就是上帝，在销售行业也同样如此。顾客是第一重要的，没有顾客就没有订单。正如事例中的家具店老板一样，用真心赢得了原本不属于自己的顾客，又通过顾客的口碑饮誉四方，从而形成和拥有一个新的顾客群。因此，要认真对待身边的每一个人，因为每一个人的身后都有一个相对稳定的、数量不小的群体。善待一个人，就像拨亮一盏灯，照亮一大片。

美国著名推销员乔·吉拉德深刻意识到了这一点，并在商战中总结出了"250定律"。他认为每一位顾客身后，大体有250名亲朋好友。如果你赢得了一位顾客的好感，就意味着赢得了250个人的好感；反之，如果你得罪了一名顾客，也就意味着得罪了250名顾客。这一定律有力地论证了"顾客就是上帝"的真谛。

乔·吉拉德是世界上最伟大的推销员，他曾在15年中共销售13001

辆汽车，连续 12 年平均每天销售 6 辆车，这项纪录被收入《吉尼斯世界纪录大全》。吉拉德的这项纪录，迄今为止无人突破。正因如此，他当之无愧地被称为“世界上最伟大的推销员”。

乔·吉拉德有一句名言 ：“我相信推销活动真正的开始在成交之后，而不是之前。”推销是一个连续的过程，成交既是本次推销活动的结束，又是下次推销活动的开始。推销员在成交之后继续关心顾客，将会既赢得老顾客的信赖，又能吸引新顾客的光临，使生意越做越大，客户越来越多。

乔·吉拉德在和自己的顾客成交之后，并不是把他们置于脑后，而是继续关心他们，并恰当地表示出来。吉拉德每月要给他的 1 万多名顾客寄去一张贺卡。一月份祝贺新年，二月份纪念华盛顿诞辰日，三月份祝贺圣帕特里克日……凡是在乔·吉拉德那里买了汽车的人，都收到了他的贺卡，也就记住了他。他每天都在借助这样的方式发出爱的信息。他的这套客户服务方式，先后被许多世界 500 强公司效仿。

乔·吉拉德不是天生的大赢家，但是，后来的他却成为世界上最著名的推销员。他的成功正是因为他用心赢得每一位顾客！如今，他的销售理念已经成为一种文化。

现在，所有的商家都懂得做好广告的重要性，都注重利用可以利用的所有手段大做广告，但是往往忽略了做好“活广告”。“活广告”不仅具有一般广告所具有的能够创造“消费者”的功能，而且还具有创造“回头客”和影响、带动更多消费者的功能。任何商家都希望自己的顾客如“韩信点兵，多多益善”。这就要求商家不能只把“顾客是上帝”写在广告中，停留在口号上，而是要真正落实在行动上，体现在服务中。不仅表现在个别服务环节上，而且要贯穿到全过程。不要只对少数大客户笑脸相迎，而要对所有的顾客都热情备至，想每一个顾客之所想，供每一个顾客之所需，圆每一个顾客之所梦，让每一个顾客都乘兴而来，满意而归。

跳蚤效应——人生不设限

有一则有趣的实验，讲的是一位生物学家将一只跳蚤随意向地上一扔，它便从地面上跳起一米多高。但是如果在一米高的地方放个盖子，这只跳蚤跳起来就会撞到盖子，而且是一再地撞到盖子。过一段时间，生物学家将盖子拿走就会发现，虽然跳蚤继续在跳，但已经不能跳到一米以上的位置了，直至生命结束都是如此。

这是为什么呢？原因很简单，它们已经调节了自己跳的高度，而且适应了这种情况，不会改变。其实人也一样，很多人不敢去追求梦想，不是追不到，而是他们以为追不到，因为他们心里面已经默认了一个高度。这个高度常常使他们受限，看不到自己未来确切的努力方向 和价值目标在哪儿。

在一位老农的农田里，多年以来一直横放着一块大石头。这块大石头不知弄断了老农多少犁头和播种机。大石头的长和宽足有一米，而且看上去已经埋在地里很多年了，陷得很深。老农对此无可奈何，不知道该怎么处理。

一天，在一把犁头又被弄坏之后，老农终于忍无可忍，下定决心要弄走它。于是，他找来撬棍塞进石头底下。让他惊讶的是，石头并没有像他想的那样埋在地里那么深，稍微一使劲就被撬了起来。这时，老农脑海里闪过多年来被巨石困扰的情景，再想 到本该可以更早些把这桩头疼事处理掉，禁不住一脸的苦笑。

对于职场人士来说，阻碍自己的“巨石”往往都是心理上的障碍和思想上的错觉。人们往往喜欢安于现状、自我设限，拒绝去尝试新的挑战，因此，也就无法有更高层次的发展。因为在思想上已经认为不可能，在行动上自然也就不会去做。一个金牌销售员是在明确目标的指引下进行的，有怎样的目标，就有怎样的业绩。伟大的目标可以成就一个辉煌的未来，同样，一个狭隘的目标也能让人在默默无闻中虚度终生。

有这样一则哲理故事。讲的是有人问三个正在劳动的泥水匠 ：“你们在做什 么呢？” 第一个人说：“砌墙。” 第二个人说：“盖楼。” 第三人个说：“建 一座充满魅力的城市。” 等到 10 年之后，第一个人还是泥水匠，第二个人成了建筑工地上的工头，第三个人则成了房地产业的大老板。正如央视的一句广告语说的那样 ：“梦想有多大，舞台就有多大。” 换句话说，一个人的 “野心” 有多大，成就就有多大。所以，对于我们个人而言，如果能突破自我的限制，一切就皆有可能，不妨多给自己一些心理暗示 ：“我能行，我一定会做得非常好” “只要努力我一定成功”。

其实，许多在我们眼里沉重和无奈的目标，等到我们真正下定决心、鼓足勇气克服之后，才发现它不过是一层窗纸而已，并没有我们想象中的困难。自我设限是一件悲哀的事，现实生活中，有很多人也在过着这样的跳蚤人生，他们永远也跳不出自己的枷锁。他们不是因为没有能力获得成功，而是内心已经给自己默认了一个 “高度”，并且每日望着这个高度暗示自 己 ：成功是遥不可及的。其实，如果你不为自己 的人生设限，那你的人生高度也就没有限制。

路径依赖——选好自己的第一份工作

在《管子 · 小问》中有这样一个故事 ：一天，齐桓公到马棚里 “视察” 时，问管理马棚的官吏 ：“马棚里哪样工作最难做啊？” 管马棚的官吏不知道怎么回答是好，相国管仲就回答说 ：“我曾养过马，知道是编供马匹站立的马棚最困难。如果开始时用弯曲的木料编，那么以后就一 直要用弯曲的木料编，哪怕是弯曲的木料用完了，直的木料也用不上；如果开始时用直的木料编，以后就一直要用直的木料编，哪怕是直木料用完了，弯曲的木料同样也不能用。”

有什么样的开始就有什么样的结局。这就是经济学中所说的“路径依赖”，它指的是人们一旦选择了某种制度，进入了某一“路径”，就好比走上了一条不归之路，惯性的力量会使这一制度不断“自我强化，让你轻易走不出去”。

路径依赖，是由美国经济学家道格拉斯·诺思提出的。他用这条理论成功地阐释了经济制度的演进规律，并因此获得了1993年的诺贝尔经济学奖。对于其在经济学中的应用，我们可以这样理解：好的路径会对企业自身起到正反馈的作用，会使企业发展进入良性循环，会让企业不断产生好的效益；不好的路径会对企业起到负反馈的作用，同样是因为惯性，却会使企业陷入错误的沼泽里无法自拔。

美国铁路的两条铁轨之间的标准距离是4英尺8.5英寸。为什么不用整数，比如用5英尺作为标准距离呢？

原来这是遵循了英国铁路的标准。因为美国最早的铁路是由英国殖民者建造的。那么英国人为什么要用这个标准呢？原来英国的铁路沿用的是电车所用的标准，那电车的铁轨标准又是从哪里来的呢？原来建造电车的人以前是造马车的，而他们沿用的正是马车的轮宽标准。那么马车为什么要用这个标准呢？因为那时候的马车如果用其他轮距的话，马车的轮子一定会在英国的老路上撞坏，因为那时路的辙迹的宽度就是4英尺8.5英寸。而这些辙迹又是从哪里来的呢？这是古罗马人所设定的。在欧洲，所有的路都是由罗马人为他们的军队所铺的，4英尺8.5英寸正是罗马战车的宽度。如果有人用不同的轮宽在这些路上行车的话，那他的轮子的寿命都不会长。那么，罗马人为什么以4英尺8.5英寸这个距离作为战车的轮距宽度呢？答案很简单，这正是当时牵引一辆战车的两匹马屁股的宽度。

因此，我们可以说，今天世界上使用最为广泛的运输系统的设计，可能是由两千年前两匹马的屁股宽度所决定的，这就是所谓的“路径依赖定律”，或许你会觉得很不可思议，但这的确是事实。

在工作中，因为路径依赖的缘故，第一份工作的选择会影响一个人未来的职业发展。

因此，我们说首份工作的选择最为重要。因为越到后面，由于路径依赖的存在，想要摆脱原已熟悉的职业的成本就越高，风险也越大。例如已经习惯了某种职业环境和工作状态，并且产生了某种依赖性，如果重新作出选择，就会丧失许多既得利益。所以建议第一份工作从自己感兴趣，同时也是符合自己个性、能力的行业做起，为自己量身订制一个既具有挑战性、又不失客观的职业生涯规划，并按照规划一步步走下去，只有这样才有利于我们的职业发展。

同时，一旦做好了自己认为合适的决定，就要坚定不移地执行下去。当不能确定自己的选择是否正确时，不妨听听亲人、身边朋友的意见，或是找专业的职业规划咨询机构寻求帮助。为了避免工作遭遇“路径依赖”的困扰，我们一定要保证有一个好的开始。否则，一旦进入不好的路径，事物就会被锁定在某种无效率的状态下，停止向好的方向发展。

当然，要从“路径依赖”中走出去，其实也不是没有办法。最重要的一点就是要有“魄力”和“恒心”。不要因为对某些新兴事物不感兴趣，就将其拒之千里之外。很多人都害怕放弃已经熟悉的技术和知识等，担心新事物会带来这样那样的麻烦和风险。如此没有毅力和恒心，是无法从旧的“路径”中走出来的。

古人云：“少成若天性，习惯如自然。”在职业生涯中，要想摆脱这种路径依赖并不容易。一旦我们选择了自己的“马屁股”，我们的人生轨道可能永远就只有这个宽度了。即使日后我们对这个宽度不满意，想要摆脱都很困难。因此，最好的办法就是选好自己的第一份工作。

第8章　卓越管理的智慧
——让你的工作更高效的管理经济学

规模不经济——生意规模未必越大越好

淝水之战是我国历史上一次著名的战役。公元 383 年 8 月，中国北方的前秦欲灭南方的东晋，前秦皇帝苻坚亲率 80 余万大军从长安南下。近百万士兵“前后千里,旗鼓相望。东西万里,水陆齐进”。苻坚狂妄地宣称：“以吾之众旅，投鞭于江，足断其流。”这也就是成语“投鞭断流”的来历。

东晋强敌压境，以丞相谢安为首的主战派毅然决意奋起抵御。经谢安举荐，东晋皇帝任命谢安之弟谢石为征讨大都督，谢安之侄谢玄为先锋，率领经过多年训练、有较强战斗力的 8 万北府兵，沿淮河西上迎击前秦主力。双方在淝水展开激战，结果，前秦大败，前秦军被歼和逃散的兵力共有 70 多万。苻坚统一南北的希望彻底破灭了。不仅如此，北方原有统一局面也随之瓦解。

前秦的军队规模之浩大可谓空前，但最终还是吃了败仗。由此可见，“阵容庞大”未必就能产生正面的效果。应用到经济学中，道理也同样，生产规模不断扩大，边际效益却逐渐下降，即我们所说的规模不经济。要了解这一概念，我们首先要了解一下规模经济。

规模经济，指的是由于生产专业化水平的提高等原因，企业的单位成本下降，从而形成企业的长期平均成本随着产量的增加而递减的经济。而规模不经济与规模经济刚好相反，即随着企业生产规模扩大，边际效益却渐渐下降，甚至跌破零成为负值。造成此现象的原因，可能是内部结构因规模扩大而更趋复杂，这种复杂性会消耗内部资源，而此耗损使规模扩大本应带来的好处消减掉了，因此出现了规模不经 济的现象。

格兰仕强势介入空调、冰箱制冷业就是一个很典型的例子。在企业发展初期，格兰仕一直专业生产微波炉，到了 20 世纪末，格兰仕已经成为世界微波炉的第一大生产商。然而，经过当时管理层的估计，如果按照当时的速度，不出两年微波炉市场就会出现饱和的局面。另一方面，格兰仕已经将微波炉做得很娴熟了，基本接近于饱和能力，同时全世界的消费能力基本上也就是 1800 万台，如果再扩大生产的话，就会出现产品成本、库存和销售费用增加的局面，即规模不经济。

因此，一向宣称专业化的格兰仕不得不转变企业观念，在 2000 年宣布，将投资 20 亿元进军制冷行业，达到 800 万台空调的年生产能力，企业发展战略从专业化跨入多元化。此外，报纸的发行也是一个很好的例证。在通常情况下，报纸的发行量越大，单份报纸的所摊费用也就越少，然而发行量却并不是越大越好，因为在这中间存在着一个规模的问题：报纸的收入主要靠广告，一期报纸的广告收入是固定的。因此，超过了一定的规模，就会出现单份报纸成本、发行和管理费用增加的现

象，即会出现规模不经济。

要想避免规模不经济局面的出现，我们首先就要从规模经济的角度来分析。我们都知道，当边际收益等于边际成本时，能够使投入产出达到最佳效果，但如何使企业集团的规模与此企业自身的能力及外界环境相适应呢？首先，企业的决策者要从观念上认识到管理的重要性，在重视规模的同时，着重加强企业基础管理的协调与建设，弄清企业处于什么阶段，有能力经营多大的规模。另外，企业要想有条不紊地做大规模，就必须把企业的运作建立在可重复或可复制的科学规范之上，建立一套适合本行业和企业特点的管理模式。

总而言之，我们要清醒地认识到生产中的规模经济未必就能带来利润的最大化，它非常容易受市场容量以及企业自身能力的制约。即使真的实现了生产中的规模经济，如果市场容量有限，产品供大于求，也是难以实现利润最大化的。在这种情况下，企业只有不断调整自身结构，寻找其他突破的方向，才能满足市场的需求，而不是一味地强调规模的最大化。

奥卡姆剃刀定律——把复杂的工作简单化

奥卡姆剃刀定律，是由14世纪逻辑学家奥卡姆·威廉提出的。它的观点是“切勿浪费较多的东西去做用较少的东西同样可以做好的事情”。概括起来，我们也可以这样理解“如无必要，勿增实体。”这个定律在14世纪的欧洲，曾剃掉了几百年间争论不休的基督教神学和经院哲学，使哲学和科学从神学中分离出来，继而引发了欧洲的宗教改革和文艺复兴。此后，其深刻意义更是被各领域广泛应用。

简单地说，奥卡姆剃刀定律的内容就是：保持事情的简单性，抓住根本、解决实质，我们不需要人为地把事情复杂化，这样我们才能更快、更有效率地将事情处理好。其实，多出来的东西未必是有益的，相反，会更容易使我们为自己制造的麻烦而烦恼。就像是我们的组织不断膨胀，制度越来越冗繁，文件越摞越多，但效率却越来越低一样。这都迫使我们使用“奥卡姆剃刀”，将复杂的事情变简单。也就是说当你同时有两个能得到相同结论的理论时，那么简单的那个更好。

关于这一点有个有趣的故事，讲的是美国最大的化妆品公司，经常因为出售的肥皂盒里面是空的而收到客户的抱怨。为了防止生产线上再次发生这样的事情，工程师想尽办法，用了几个月的时间发明了一台X光监视器，放到生产线上透视每一台出货的肥皂盒。而同样的问题也发生在了另一家小公司，他们的解决办法是买一台强力电风扇去吹每一个肥皂盒，被吹走的则是没放肥皂的空盒子。同样的问题，采用了两种截然不同的解决办法。显然，后者更为简单，更好操作。由此可见，复杂的事物不仅消耗我们过多的精力，也容易使人迷失，只有简化后才利于人们的理解和操作。

随着社会经济的发展，时间和精力已成为人们越来越稀缺的资源。很多终日忙碌的管理者却鲜有成效，究其原因正是因为缺乏简单管理的能力和意识，分不清孰重孰轻，结果成为了毫无效率的管理者。

在股市投资中也是如此，我们同样可以拿起“奥卡姆剃刀”，把复杂事情简单化。运用好这条定律，你就会发现其实炒股很简单，投资盈利也并非想象中的那么难。

有很多投资者都认为股市是勤劳者的乐园，进入其中，必定要焦头烂额、左思右想地研究、分析和频繁操作，也只有这样才可能取得成功。其实仔细想想，我们不难发现，那些对于股市倾注了大量的时间、财力和精力的人，整天匆匆忙忙，却还是难以全盘了解市场中那么多的信息和股票行情，还有不断出现的新规章和投资新品种。他们总是想着把握一切，但换来的往往只是精疲力竭。那么，我们应该怎么做呢？根据奥卡姆剃刀定律，投资者首先要做的就是简化自己的投资，要对那些消耗了我们大量时间、金钱、精力的股票加以区分，然后逐步精简它们。

我们不可能每只股票都去研究和关注，因为既没有这个时间也没有这个必要。要懂得运用奥卡姆剃刀定律来选股，对众多的上市公司进行分析，只挑选其中极少数的股票去投资操作。剃掉恐惧、贪婪、盲目、浮躁、轻信、冲动和善变。将复杂、变化多端的股票价格走势看成一个只有“上涨和下跌”两种情况的简单模式。经过了这个过程之后，你就会发现，原来不管上涨还是下跌，都有规可循。

绩效工资——重赏之下，必有勇夫

绩效工资又称绩效加薪、奖励工资或与评估挂钩的工资，是以职工被聘上岗的工作岗位为主，根据岗位技术含量、责任大小、劳动强度和环境优劣确定岗级，以企业经济效益和劳动力价位确定工资总量，以职工的劳动成果为依据支付劳动报酬，是劳动制度、人事制度与工资制度密切结合的工资制度。

绩效工资，主要由 4 部分组成：基本工资、年龄工资、岗位工资、奖励工资。因为组成结构的多元化，所以相对来说比较客观，同时也能有力地激发员工的工作热情。当然它也有不足之处。

绩效，拆开来看就是“业绩”加“效率”，这也十分直观地向我们展示了一个事实，即绩效工资，实际上就是靠能力赚钱，凭本事吃饭，所有的资历与背景都要靠边站。

利润是一个企业赖以生存的基础，因此我们必须有理由接受——在老板心中，一切人事调动、工资浮动、体制规章都是以利润为前提的。也就是说，阅历反映的只是你的从业经历，资历反映的只是你进公司的年限，而唯有你为公司创造的利润，才能说明你的能力。而“绩 效工资”也只不过是经济发展的一个产物。

现在大部分公司实行的都是绩效工资，除一定数额的基本工资外，其余诸如奖金、福利等完全根据个人业绩来决定，业绩高则收入高，业绩低则只能拿基本工资，在保险、销售等行业更是如此。

在美国通用电气公司中，业绩可谓占了核心地位。只要你进入通用，不管你是哪个学校出身，学历有多高，从前有着多么出色的工作经历，都不会被人在意。可以说,所有的员工在最开始入职时都会在同一个起跑线，也都必须重新开始，用今后的业绩来证明自己的一切。在这里，所有员工的升迁都不是论资排辈，而是根据业绩和能力来决定的。才华出众和努力进取的人很容易就脱颖而出，一夜之间连升三级也从来不是什么稀奇事，韦尔奇本人当上首席执行官时也才年仅 44 岁。

在通用，有一个称之为“活力曲线”的有效绩效评价方法。简单来说就是，管理部门会根据业绩评估结果，绘制出一条活力曲线，将员工的考核结果按从好到差的顺序进行排序，然后再分成三类：排名在前 20% 的为 A 类员工，是通用公认的最为优秀的“明星员工”，对于这些人，公司会为他们提供更具挑战性的工作岗位，制定更为详细的发展计划，给他们优厚的物质奖励，如加薪和奖励股票期权等；排名在中间占总数 70% 的为 B 类员工，这部分人是通用业务成败的关键，因此，通用同样会给他们提供培训和提升的机会；排名在最后的 10% 的员工为 C 类，也是通用业绩最低的，他们会有 3 至 6 个月的时间接受培训或是转岗，想办法在业绩上有所突破，如果还是不能为企业增加订单的话，很遗憾，他们将会被解雇。所以，所有的通用人都会告诉自己，要时刻审视自己的业绩，决不能掉以轻心，掉入后 10%。

因为通用的工资是按照以上的 A、B、C 三类发放的，员工工资的涨幅也是依业绩而定的，上一年业绩的好坏会直接影响下一年的工资增长周期，所以每一名员工都会怀着极大的热情投入到工作中，公司自然也就会蒸蒸日上。

可见，业绩对于员工和企业有多么重要，企业要想发展，必须靠好的业绩，员工要想在事业上有所成就拿到较高的薪酬，也必然要有好的业绩。而绩效工资制度的实施，就是激励员工在业绩上能有所突破。

企业运行的一切基础都是利润，现实就是如此，所以千万不要责怪你的老板和企业薄情寡义。绩效工资提出的目的，就是要激励员工努力创造业绩，实现自身和企业的价值。如果创造不了业绩，纵使你有千般好，万般优，归根结底还是等于零，所以说，业绩才是硬道理。

帕累托效率——管理者要懂得人尽其才

帕累托最优是现代经济学里的一个重要概念。它是指在不使任何人的处境变坏的条件下，已经不可能再使任何一人的处境变得更好的一种资源分配状态。简单来说，就是如果不让某个人的处境变差，就不可能让另一些人的处境变得更好。人尽其才，物尽其用。那么，这种资源配置的状况就是最佳的，也是最有效率的，这就是帕累托效率所要表达的。而如果改善一项政策能够至少有利于一个人，不会对任何一人造成损害，这就是帕累托改进，通俗地讲就是利己不损人。

对于以上的概念，我们可以用一个例子更好地来解释。观众们去看世界杯足球赛，假设这个球场能坐 10 万人。如果在开场之前已经进场 9 万人，那么，这时的赛场还没有进入“帕累托最优”的状态，因为还有 1 万人的位子是空着的，并且即使再进来 1 万人也不会对原来的观众造成影响。所以，再进来 1 万观众的这个过程就是“帕累托改进”。如果经过帕累托改进之后，赛场已经达到了 10 万人，这时再进来观众，虽然会让其看到比赛的“处境变好”，但也会使原来的观众席变得拥挤，即“处境变差”。所以在达到“帕累托最优”时，已经不可能在不损害别人利益的前提下改善自己了。就像是我们坐长途汽车，只有满员的状态才是“帕累托最优”。

再举个例子，华罗庚数学竞赛上有一道试题：几个人拎着水桶在一个水龙头前面排队打水，水桶有大有小。他们怎样排队，才能使得总的排队时间最短？

这是一个寻求“最优化”的题目,要求是节省总的排队时间,达到最优。我们都明白水龙头的供水速度是一定的，每个排队接水的人都要在自己的桶接满了水之后才走。这样一来，用小水桶接水的人接水时间就短，用大水桶接水的人接水时间就长。于是我们可以得出最优化排队方案：打水的人都按照他们水桶的大小从小到大排队。这样安排，花在排队上面的总时间最短，也最为合理。

但是，这个“最优化”方案显然实现不了。往好了评价，这种安排体现了集体主义的精神，现实点来评价，就是反映了计划经济的思维。因为，这个方案要求水桶大的人要重新排队，和他后面水桶小的人对换位置，可是水桶大的人已经排在前面了，他怎么会愿意往后去呢？尽管我们跟他讲往后去可以使总的排队时间缩短，并且他也明白这个道理，可是这样安排，他要重新排队就耽误了很长的时间。所以，在自愿的情况下，他并不会同意。

再比如说国际上的南北对话，南方的国家大多拥有廉价的劳动力和丰富的自然资源，但缺乏的是技术和资金的投入；而北方国家的情况恰恰相反。如果这两类国家相互合作的话，那理论上应该是双赢的，完全达到了帕累托最优的描述。可事实上，如果我们仔细想想不难发现，其实这并不是我们以为的那样理想化。南北合作表面上看是两类国家共赢，可实际上却存在了很多隐性利益不对等和不公平的现象。我们在日常生活中，总是想找出一些办法对现有的事物作出一些改变，来使自己获得更多的利益。就像观看演出时，总有一些人会站起来踮起脚尖，希望能看得更清楚；排队时，也经常遇到插队的人；还有修筑院子时，人们总是喜欢把栅栏向外移半米多。其实，这些行为都或多或少地侵犯了他人的权益。为此，人们提出了“帕累托最优”，希望能让所有的人都受惠，使集体的利益最大化。

但是，“帕累托最优”不管是在市场经济中还是现实生活中，都只是一个兼顾公平与效率的“理想王国”，现实世界是难以达到的。因为资源均分是有限的，一部 分人占有资源，必然会缩减另一部分人的福利。现实生活中，有人有 所得，必定会导致有人有所失。

“帕累托最优”的意思是尽量维护每个人的利益，一直达到某一程度，使得此时任何一人的改进都会以损害其他人的利益为代价。一般而言，如果突出某一人的利益，必定会牺牲其他人的利益，所以不可能同时兼顾所有人的利益。

奥格尔维法则——人才难求，要知人善用

美国马瑟公司总裁奥格尔维，在一次董事会上，事先在每位董事的桌前放了一个玩具娃娃。“你们面前的娃娃就代表你们自己，”他说，“请大家打开看看。”当董事们打开玩具娃娃时，惊奇地发现原来里面还有一个小一号的玩具娃娃；再打开，里面还有一个更小的……直到最后一个娃娃上放着奥格尔维写的字条：“如果你永远都只启用比你水平低的人，我们的公司将沦为侏儒公司。如果我们每个人都任用比我们自己更强的人，我们就能成为巨人公司。”

这就是奥格尔维法则，它的内容是：如果我们每个人都雇用比我们自己更强的人，我们就能成为巨人公司。它所强调的正是人才的重要性。

一个好的公司固然是因为它有高品质的产品，有完善的硬件设施，有雄厚的财力支持，但最重要的还是要有优秀的人才储备。因为一个公司仅凭资产，并不能带来任何创新、进步，只有拥有优秀人才，才是最根本的生存之道，这也是古今不变的真理。

秦末农民战争中，韩信仗剑投奔项梁，项梁兵败后归附项羽。他曾多

次向项羽献计，始终不被采纳，郁郁不得志之下转而投奔于刘邦的汉军。汉军大将夏侯婴慧眼识英雄，他见韩信言语不凡、气宇轩昂，颇有大将风度，便向刘邦举荐，但仍未被重用。后来，刘邦行军至南郊时，心中郁结的韩信对着当空明月，仰天长叹前途渺茫，于是策马而去。萧何听说后，来不及向刘邦禀报，趁着月色追寻，天之拂晓，才追及。在萧何的百般劝慰之下，韩信才答应留了下来。此时，刘邦正意欲收复关中，萧何又再次举荐韩信，希望他能得到重用。在萧何的再三游说之下，刘邦终于选吉日封韩信为大将军。从此，文依萧何、武靠韩信。刘邦终于夺取了天下，建立西汉。

这就是著名的“萧何月下追韩信”的故事。没有这一幕的发生，或许楚汉之争的历史就要改写了，足以见得人才的重要性。对于社会经济高度发达的今天更是如此，无论做什么，高素质的人才都是必不可少的。我国著名的物理学家钱学森教授，也是几经周折才从美国回来。出于对于人才的高度重视和向往，美国的一位高级将领曾给出了比较 形象的答案，他说：“钱学森一个人可以顶五个师。”为此，钱学森被 美国扣了五年才得以回到祖国，而他一回来，便对“两弹一星”的成 功起了必不可少的作用，这就是人才的力量。

大家都知道李嘉诚所统领的长江实业集团可谓人才辈出，各种精英齐聚一堂。在这种人才济济的环境中，长江实业集团中所有行政人员和非行政人员的变动却都是香港所有大公司中最小的，高层管理人员流失率更是低于 1%。这是为什么呢？李嘉诚对此揭秘：“第一给他好的待遇，第二给他好的前途。”

可是在现实生活中，这样知人善用的情况却并不多见，倒是“武大郎开店”的现象屡见不鲜，一些管理人员害怕下级的才干超过自己进而夺了自己的“饭碗”，所以极力地压制人才，排挤人才，严重影响了企业的发展。

正是因为种种顾虑，极大地束缚了一些企业用人的水准，致使很多优秀的人怀才不遇。结果就是，在公司的都是些听话却不怎么有才的平庸之辈，长此以往，公司又怎么能有发展前途呢。作为一个管理者，一定要有“容才之量”，不妒才、不压制，要敢于把那些重要的工作任务交给有能力的人来做，这样才能让企业在波涛涌动的商海中乘风破浪，奋勇向前。

古人说：“下君之策尽己之力，中君之策尽人之力，上君之策尽人之智。”可见，高明的管理者会让下属充分施展才华。因此，一定要给予团队中有能力的人发挥、表现的机会，给其相应的职权和工作环境，帮他们搭建展现自己的平台，不要总有一种下属能力过高是对自己权威的一种威胁的心理，只有这样，企业才有可能发展壮大。

二八定律一用20%努力获得80%收益

二八定律也叫二八法则，是 19 世纪末 20 世纪初意大利经济学家帕累托提出的。他认为，在任何一组东西中，最重要的只占其中一小部分，约为 20%，其余 80% 的尽管是多数，却是次要的。

二八定律存在于社会经济中的各个角落，它的本质就是关系不平等的问题。例如 20% 的人占有了 80% 的财富；20% 的投资换来的是 80% 的回报；企业 80% 的利润来自于 20% 的客户；20% 的罪犯占了 所有罪行的 80%；在家里，无论是茶几还是地毯，80% 的磨损都出现 在 20% 的位置上……由此，我们可以得到一个重要的启示，我们 80% 的收获来自于 20% 的努力，而 80% 的精力换来的只是 20% 的成果。那我们不妨放弃那 20% 的成果，把那 80% 的精力放到更有价值的事情上去，这样，我们就可以提高工作效率，不再盲目地付出了。

IBM 电脑公司可谓最早，也是最成功运用二八法则的一家公司。1963 年，该公司经研究发现，一部电脑约 80% 的执行时间花在了 20% 的执行指令上。据此，公司立刻召集工程师重写电脑操作软件，让人们都能更加轻松地去使用电脑。经过重新设计之后，该公司制造的电脑比起其他公司制造的电脑更加快，效率也更加高。

30 多年之后，1993 年，惠特曼出任 ebay 公司的总裁。上任不久，她就主持召开了一次会议 ，讨论收缩销售战线。通过复检用户数据，了解该公司销售情况，惠特曼发现该公司 20% 的用户创造了公司 80% 的销售额。这一信息表明了，这 20% 的客户成为该公司收益和发展的关键。而当公司追踪这 20% 核心用户的真实身份时，才发现这些人大都是严肃古板的收藏家。据此，惠特曼和她的团队决定，在收藏家专业媒体及其交易展上加大宣传力度。这一决策也成为该公司成功的关键。

二八定律存在于我们生活的方方面面。如果我们能够知道究竟是哪 20% 的关键付出产生 80% 的收获，我们就能时刻提醒自己把主要的时间和精力放在关键的少数上。

在我们的生活中，约有 80％的人只得到了 20％的收获，虽然这 80% 的人大部分都是非常努力和勤奋的，但事实上他们的收获并不多。因此，在工作中，我们应该讲究怎样提高工作效率，而不是一味地盲目做事。我们要考虑怎样才能以最小的付出获取最大的收获。 简单来说，就是如何在工作和生活等领域中做到事半功倍、四两拨千斤。

第9章　跟紧时代的步伐

——推开中国经济大门必知的经济名词

石油危机——谁为未来“加油”

世界上有很多看似毫无关系的事件，背后都有着千丝万缕的联系。中东的一条铁路的修建，非洲的一场暴动的爆发，欧洲的一次会谈的召开，都可能是为了同一个目的，那就是石油。对此，剑桥能源研究协会主席尼尔·尤金曾说过：“石油，10% 是经济，90% 是政治。”可见，在当代，石油战略已上升为各个国家政治与外交政策的重中之重。从地中海沿岸到西非的几内亚湾，从委内瑞拉到俄罗斯，从里海到波斯湾，一种全新的国际石油战略格局正在悄然形成。

所谓石油危机，是指因石油供应不足，或是石油价格上涨，从而对经济产生重大影响，导致突如其来的经济衰退。事实上，当今社会，诸如汽车一类的交通工具由于大量依赖石油，使得石油已成为世界工业的“血液”。因此，石油价格上升会对人们的社会生活造成强烈的冲击也就不难理解了。事实也证明了，迄今为止世界上发生的三次石油危机，前两次已对整个世界的经济造成了极大的影响。对此，我们不妨先来回顾一下。

第一次石油危机

1973 年 10 月，第四次中东战争爆发，为打击以色列及其支持者，石油输出国组织的阿拉伯成员国于 1973 年 12 月宣称收回石油标价权，并将其基准原油价从每桶 3.011 美元提升至 10.651 美元，对西方发达国家实施石油禁运。石油危机引发了继第二次世界大战之后最严重的世界经济危机。持续三年时间的石油危机，使得发达国家的经济遭受了惨重的打击。在这场危机中，美国的工业生产下滑了 14%，日本的工业生产下跌超过 20%，几乎所有西方国家的经济都出现负增长。

第二次石油危机

1978 年底，世界第二大石油出口国伊朗政局发生剧变，伊朗亲美的温和派国王巴列维下台，引发第二次石油危机，此时又逢两伊战争爆发，全球石油产量受到影响，从每天 580 万桶骤降到 100 万桶以下。随着产量的剧减，油价在 1979 年开始暴涨，从每桶 13 美元猛升至 1980 年的 34 美元。这个状态持续了半年多，此次危机也是 20 世纪 70 年代末西方经济全面衰退的一个主要原因。

第三次石油危机

1990 年 8 月初，伊拉克攻占科威特后，国际上对伊拉克实行了经济制裁，伊拉克的原油供应中断，国际油价因而飙升至每桶 42 美元的高点。美国、英国经济加速陷入衰退期，全球 GDP 增长率在 1991 年跌破 2%。国际能源机构启动了紧急计划，每天将 250 万桶的储备原油投放市场，以沙特阿拉伯为首的石油输出国组织也迅速增加产量，很快便稳定了世界石油价格。

历数三次石油危机，我们不难从中发现一些共同之处，即石油危机一旦爆发，便会对正处于强盛状态的世界经济造成严重的冲击。其根本原因在于石油供给的骤减，会使市场陷入供需失调的危机当中，使得一些需要石油运转的工业企业进入瘫痪状态，极大阻碍了世界经济的发展。

一部分经济学家认为，全球现在正面临着第四次石油危机。因为石油的不可再生性，加上需求急速增加造成的供需失衡十分严重，在这种情况下，一旦出现风吹草动，比如美元贬值等，都将引发油价暴涨。

那么，第四次石油危机真的会来临吗？

客观来说，此说法尚难成立。

其一，供应未断，产业调整见效。一方面，前两次石油危机，其主要原因是石油输出国组织联合限产与伊朗石油大幅度减产，致使石油供应中断所造成的。第三次石油危机，根本原因是海湾战争前伊拉克停止了石油的出口。而目前来看，全球石油供应并未中断，相反，石油输出国组织与其他石油出口国都在加大马力生产石油，许多国家都已达到了产能的极限。如今石油涨价，主要归根于近两年全球经济强劲复苏，导致石油需求量大大增加，而生产能力难以跟上需求增长的速度，因而才会造成供不应求的局面。另一方面，鉴于石油危机的惨烈教训，从第一次石油危机开始，西方国家便开始进行产业结构调整，以求减少对石油的直接依赖。以美国为例，自 20 世纪 70 年代末起，美国联邦政府便制定了信息技术发展方针，并不断增加其在经济中的比例。还有日本和欧盟近 30 年来也对各自的产业结构进行了调整，在节能方面甚至比美国做得还要好。

其二，进口来源多元，油量储备较为可观。目前的高油价对世界各国的杀伤力之所以不算太大，有关人士认为，这主要是因为全球大部分能源消费国实行了石油进口多元化的政策。例如美国正在把石油进口来源从中东扩展到非洲，并为此制定了面向全球的能源新策略；日本除了继续进口中东石油之外，近年来还把目光转向了俄罗斯，对其油田进行投资开发，以逐渐减少对中东石油的依赖；欧盟也加紧了向里海地区相关国家进行石油投资的脚步，在石油进口多元化方面迈出了坚实有力的步伐。同时，专家们也提到，美国、欧盟、日本都建立了巨大的战略石油储备，做到了“手里有油，心中不慌”。

总之，石油安全的最基本事实就是保证经济的正常运转，并在可接受的价位上生产出足够的电力与燃料，满足国民的需求，维护边境的安全。各国应通过对话和协商解决因石油问题而产生的分歧与矛盾，不应将石油问题政治化，更不应动辄诉诸武力。

低碳经济——大国的阴谋

近年来，随着经济的不断发展，环境污染和能源短缺已成为世界关注的焦点问题。因此，以美国为首的西方大国提出了以转变传统高消耗、高污染的经济增长方式，大力推进节能减排计划，发展以低消耗、低排放为标志的低碳经济。这里所谓的低碳经济，指的就是在可持续发展理念指导下，通过技术创新、制度创新、产业转型、新能源开发等多种手段，尽可能地减少煤炭石油等高碳能源消耗，减少温室气体排放，达到经济社会发展与生态环境保护双赢的一种经济发展形态。

然而，西方大国倡导的这项低碳经济真的完全是出于保护环境、为子孙后代着想吗？如果真的把这种经济理念付诸实践，是否又真的会对人类有如此大的益处？这项以改善人类生活环境为目的的经济课题背后的真实目的又是什么呢？

在被视为“拯救人类的最后一次机会”的哥本哈根气候大会上，每个国家都想最大限度地维护自己利益。结果，这项事关“人类未来”的重要会议却演变成了一场辩论大会。在针对碳排放的问题上，以中国为首的发展中国家与以欧美为代表的发达国家展开了较为激烈的辩论，且呈现出了白热化的趋势。

究其原因，不外乎欧盟和美国等发达国家企图借环保问题扼杀中国等发展中国家的发展，让发展中国家为二氧化碳排放和所发生的经济危机埋单，继而继续限制和剥削发展中国家，以维持世界上现有的两级格局。近些年来，发展中国家的经济发展速度已经远远超过了美国等大国的预期，加上全球经济危机过后，美国经济遭到重创，原有的经济体制已经不能保证其绝对优势的地位了，为此他们重新制定了新的有利于自己的游戏规则。

于是，一场旷日持久的“低碳阴谋”拉开了序幕。

首先是西方的专家学者别有用心地提出了断章取义的“地球变暖论”，然后再经过舆论和新闻界的长期大力宣传，让所有人都以为这个结论是对的，并且确认地球变暖的原因就是人类过多排放二氧化碳所造成的。其实这个结论根本尚不明确，而且据以往来看，地球温度的波动主要是由于太阳活动周期造成的。

紧接着他们又提出了一个全新的经济理念，那就是淘汰目前现有的成熟的生产模式，告诉大家只有“低碳”模式才能更好地改善环境，并引导大家投入大量的人力、物力、财力去开拓一种新的生产生活模式——低碳。而这样做的结果会怎样呢？

看过《喜羊羊与灰太狼》的人们都会记得，其中有一集讲的是，喜羊羊出了羊村，灰太狼发现之后猛追喜羊羊，喜羊羊拼命地跑向羊村，在马上就要被追上的时候，喜羊羊跑到路口，把通往羊村的路标转了一下，指向了一条通往深山的曲折小路。

这就如同发达国家一样，他们轻松地把“路标”指向了低碳这条不归路，当我们马上就要追到的时候，原来的方向却已经变了。就这样，在西方国家已经沿正确的航向马上步入终点的时候，我们还要丢下笨重的机车，从头造船追赶。

由此可见，西方国家的目的何在，特别是在“低碳经济”提出之后，美国还趁机提出了“碳关税”，那么，“碳关税”有多贵？举个例子来说，生产一吨的水泥就需要一吨的碳，如果按照 70 美元来计算的话，也就是 490 元人民币（假设 1 美元可以兑换人民币 7 元）。可 1 吨水泥才卖 300 元人民币，却要缴 490 元人民币的碳关税。再来说钢，转炉炼制的钢，1 吨要排放 1.8 吨的碳，也就是要缴 700 ～ 800 元的碳关税，可一吨钢也不过才 3000 元。关于这点，美国的报纸曾报道过，如果按照这种标准收取碳关税的话，美国进口的产品 85% 以上都要征税，而这些产品大多数都是中国的。

当然，在这个新兴起的经济制度下，受打击的绝不仅仅是中国，像俄罗斯和巴西这样的石油大国，受到的打击也是致命的。

与其说低碳是一场经济上的变革，倒不如说它是一个政治上的阴谋。它出现的实质只是欧美等发达国家借环境保护之名扼制发展中国家的发展。事实上“低碳”已经不仅仅是简单的环保问题、经济问题，而成为了一个政治话题。因为仔细分析我们不难发现，低碳经济是在特定背景下提出的，彼时欧美已经完成工业化，对石油、煤炭的依赖性较弱，对新兴能源如核能、风能、太阳能等方面上也已经有了成熟、雄厚的技术积累。而发展中国家却恰好相反，他们普遍都处在工业化进程之中，对石油、煤炭等高碳产品的依赖性较高，如果按照发达国家的意愿与其一起大幅减排二氧化碳，那不仅要以高价从欧美发达国家购买低碳的相关技术，还极有可能中断发展中国家的经济发展进程。

就业危机——谁能挤上独木桥

近年来，越来越多的年轻人面临着就业问题，大学生“零薪酬”就业、大学生卖猪肉，甚至大学生因就业难而选择自杀……这一桩桩事实不断地冲击着人们的思想，引起了人们的质疑：既然就业这么困难，大学生当初花几万元上大学的目的是什么？既然毕业等于失业，那么莘莘学子是否还有必要挤破脑袋去走那根要承受千军万马的“独木桥”？

很显然，人们对于大学教育的信任在不断地缺失。在大学度过四年光阴，投入了时间，投入了金钱，最终大学生却根本无法获得最基本的就业保障，培养专业人才的大学似乎成了生产廉价文凭的工厂，这种现状确实令人痛心。

那么，“就业危机”是如何引起的呢？从不同的角度看，主要有以下几点原因：

首先，最为主要的原因就是总体劳动力市场的供求失衡，即应届大学毕业生、下岗职工再就业、农村剩余劳动力转移等，共同构成了劳动力市场上的庞大供给流，这些在短时间内给我国的就业市场带来了较大的压力。大家都知道，我们国家人口众多，劳动力总体的供大于求局面在短期内是无法改变的，这种供求失衡的 严峻局面，就造成了大学生就业难的基本背景。

其次，我国社会转型中的结构缺陷也是造成就业危机 的主要原因之一。我国正处于“社会解组”或“社会转型”过程中，传统产 业对大学毕业生的需求量减少，高新技术产业成为新的经济增长点，一些专业面窄、基础理论研究类的毕业生就业则显得不景气；另外，我国各地区的经济结构很不平衡，东南部发展得较快，西北部发展则 相对缓慢，所以很多大学生毕业后，都会“孔雀东南飞”，宁愿扎根在 竞争激烈的大都市，也不愿去二三线城市发展。

再次，从世界范围来看，金融业不景气也会造成就业危机。2008 年，一 场由美国刮起的金融危机，给中国带来的是经济危机和严重的就业危机。特别是出口型企业面临着经营困难、倒闭的局面，从而就业岗位出现流失，大批人遭受失业、下岗的困境。

当然，“就业难”也有大学生自 身的原因。很多人明明已经拥有了工作机会，却眼高手低，跳槽继续寻找新的工作；还有一些人，非自己专业的工作不找，工资太低 的岗位不去，这都会引起失业现象。

我们了解了就业危机的原因之后，再来探讨一下应对就业难的策略。对于年轻人来说，如何免受就业危机的困扰呢？

首先，对于一些在校的大学生而言，从现在起就要转变自己的就业观念，切勿非知名企业不进、非高薪不就，一定要增强就业危机感，在大学里多学点知识，用知识武装自己的头脑，用智慧增加就业成功的砝码。对于找到了工作的年轻人而言，在工作之余，也要不断给自己充电，学习和

掌握一些专业的知识，同时还要增强社会实践的能力，只有这样才能在高度竞争的条件下“适者生存”。

其次，还要学会为自己的人生定位。定位，就是给自己亮出一个独特的招牌，让自己的才华更好地为招聘单位所识。萧伯纳曾说过这样一段话：“征服世界的将是这样一些人：开始的时候，他们试图找到梦想中的乐园，最终，当他们无法找到时，就亲自创造了它。”说得非常有道理。工作既不像家庭那样，会成为我们出生后固有的独特的社会结构，也不像货架上的商品，可以供我们随意选择。工作更像是你的一位朋友或你的合作伙伴，既存在，又不一定在眼前，只有通过自我设计与自我定位，才能与其结识。因此，面对严峻的就业形势，我们有必要好好规划职业生涯，找出自己感兴趣的领域，确定自己的优势所在，从而明确自我人生目标。我们可以思考一下“我能干什么”“我选择干什么”“社会可以提供给我什么机会”等问题，通过对自己的分析，推断未来可能的工作方向与机会。要知道个体是有差异的，我们要找出自己与众不同的地方并使之发扬光大。

就业危机虽然存在，却也是一种合理的、正常的现象，我们应该冷静看待，还是那句老话，“真金不怕火炼”，只要我们有能力，在社会上立足不是难事。相信，通过国家和个人的努力，每一个怀揣梦想、渴望突破的年轻人最终都会到达成功的彼岸！

人民币升值——中美汇率的博弈之争

对中国经济来说，繁荣的 2006 年也代表着与美国进行汇率博弈的开始。近年来，中国经济始终保持强劲有力的增长，据统计，2006 年我国 GDP 增长率达到了 10.7%，再创历史新高。同年，全球商品进出口总额，我国排在美国和德国之后，位居世界第三位。一切的迹象都在表明，中国经济正以其势不可当的冲劲，成为全球经济增长的主要推动力之一。但是在这繁华盛世的景象中，有些国家却坐不住了。它们深深感到了中国经济的增长给自己带来的巨大压力，这个国家正是华尔街的主宰者——美国。

随着中美贸易顺差不断创历史新高，美国终于按捺不住了，以中国工人夺走了美国工人的饭碗，使得巨额贸易顺差造成巨大损失为由，对中国进行经济“勒索敲诈”，妄图使人民币升值来缓解本国的经济压力，尤其是全球金融危机之后，美国更是想借助人民币升值来逃避其应承担的金融危机责任。那么，美国促使人民币升值的具体原因又是什么呢？

究其原因，主要有两个方面。首先是从 2001 年开始，美国持续了 10 年的经济繁荣期结束，经济开始步入衰退期。再者是小布什上台后实施的一系列计划导致财政赤字，其中的大规模减税带动了对外国资本的需求，这时，中国等国家便将大规模的外汇储备投资于美国的国债市场。同时，美国的科研项目也造成了严重的赤字，原因是经济繁荣期过后，美国已经转变为了世界科技的研发中心，对软实力（文化、技术实力）的看重已经超过了对硬实力等物质利益的看重，导致进出口结构发生巨大变化，进口商品不管是种类还是数量都大幅度地增大了。而出口产品主要以技术服务为主，出口商品范围缩小。这样一来就导致了美国在经济上的财政赤字和出口上的逆差现象。

正是由于财政赤字，给美元带来了巨大的贬值压力，这样一来，美元就难以保证其价值的稳定性。但是基于美元的国际货币地位，作为发行国的美国又无法让美元持续大幅度地贬值，而同时持有大量美元作为储备的其他国家，也希望美元的价值能够稳定，以免自己受到损失。所以，美元无法贬值，就只能要求人民币升值，以减轻美元的压力。

再者，由于美国的贸易逆差现象，使得美国在对外贸易中处于劣势地位。迫于经济上的压力，美国政府发布了新战略“全国主动出口”，并设立了“促进出口内阁”。除强化贸易规则、加强贸易拓展、方便贸易融资三管齐下扶助美国企业开拓海外市场外，还帮助美国出口企业“消除海外壁垒”，而其中最大的贸易壁垒就是中国。所以，他们希望人民币升值，使得中国的产品在国际上的价格提高，举个例子来说，就像是升值前中国的馒头在国际市场上是 1 元一个，那美国人就可以用 1 美元买 8 个。可升值后 1 美元只能买 6 个了，也就是说中国产品在价格上没有竞争力了，这样一来就会减少出口，对我国出口企业造成难以想象的影响。而对于美国来说，这样可以减少对中国的进口，从而帮助国内企业更好地参与竞争，其实这也属于不公平的贸易保护主义。

人民币升值，的确是有利于美国经济的恢复，可对于我国而言呢？有媒体曾分析过，如果人民币升值 3% 的话，我们传统的劳动密集型产业的利润将全部为零。因为我们这个产业的平均利润只有 3%，那么，如果升值超过了 5% 的话，那对于我们长久以来的制造业的出口将造成极为严重的打击。这样一来，广东一带的很多工厂都会被迫破产了。如果升值到了 20%，这个后果将难以想象。这就是一直以来中国政府不愿意升值的原因，因为这是关系到我国经济命脉的问题，我们绝不能重蹈日本的覆辙。

换个角度说，对于国内的老百姓而言，人民币升值对于有钱人来说，好处是显而易见的。就像人民币对美元的兑换，以前 8.5 元人民币才能换到 1 美元，现在 6.3 元就可以换 1 美元了，对于出国旅游度假、购置产业、留学就更合算了。但对于普通的工薪阶层，甚至有害无益。以前一个卖 0.5 元的馒头，不会因为人民币升值了变成 0.4 元。相反，因为人民币升值，大量“境外热钱”涌入，使得物价上涨，最明显的例子就是现在的房价。这还不算，最要命的就是就业问题，外国企业来中国投资办厂，就是因为廉价的劳动力，一旦人民币升值，企业员工的工资成本肯定会上升，当上升的幅度触及企业自身的利益时，它们就会撤资寻找更低廉的劳动力，这样一来，就会造成大批工人下岗。

人民币升值问题是一场中美汇率的博弈，与其他事件交织在一起，事关中国的利益和长远发展。对此，我们一定要谨慎处理。

中国房价——高得让你看不懂

有句俗话说得好，“家以居为先”。住房，对于老百姓来说，与粮食一样，是生活中一种最基本的需求。无论时代如何变化，观念如何更新，住房问题依旧是人们最为关心的严峻话题。尤其是跨入 21 世纪以来，中国房价大幅度攀升，而当我们的收入与房价之间存在巨大落差时，人们对住房问题更加耿耿于怀。很多人不理解：为什么房价会变得这么高，高得让人捉摸不透？为什么我们身处社会主义国家却买不起房子？下面我们就来详细说一说。

我们为什么买不起房子，其实是有原因的。首先一点，就是中国房价与预期不对称。现在有很多收入不高的年轻人，他们想在市区买房子，除非他家里非常有钱，否则靠其自身的力量，是根本不可能完成的事情；比如一些中等收入的家庭，他们买一套60平方米的房子不存在什么压力，可是很多人为了面子，硬要买一套100平方米的房子，这样自然会买不起；再比如一些在外漂泊的高薪白领，本来在市郊买下一套房子基本上无压力，但他们非要买市中心的，那么压力自然会增加。

其次，从企业开发的角度看，会出现一些情况，比如开发的品质提升了，建材涨价了，地价高了等，这些都有可能引起房价的上涨，从而使越来越多的老百姓买不起房子。当然，我们不能完全责怪房地产开发商，因为还有一个使房价上涨的“幕后黑手”不得不提——它便是“外资”。大家想想，开发商作为商人，赚取高额利润是其首要目的，可是各行各业都有商人，不是他们想赚多少就有多少的。根据市场经济的价值规律，当商

品的价格和价值严重背离时，会有一种趋向正常价格回归的力量钳制价格的上涨，可在中国的房地产业，这种规律似乎并不起作用，很显然，有一股力量在维持着房地产业的价格，即托市，那么，是谁在托市呢？能在房地产业失控时得到巨额利润的人，就是在托市的人。

众所周知，中国的外汇储备在近几年不断地增长，这难道是我国人民发奋图强赚来的吗？时常关注中国GDP增幅的人最为清楚，我国外汇储备的增长速度明显大于GDP的增幅。显然，除了挣来的一部分，剩下的大部分都属于“国际热钱”。“国际热钱”涌入中国市场后，首先要兑换成人民币，于是我国的印钞机开始没日没夜地工作，所创造出的钱统统用来托住房地产市场，用通俗点的话说，就是要拼命地投资房地产产业，只有这样才能获取利益。所以，即便房地产价格向下波动时，还可以通过“托市”再把它抬高，反复如此，才导致了中国房价越涨越高，人们买不起房是情理之中的事。高昂的房价，直接影响着人们的生活。最简单、最直观的一个现象就是，男大当婚，女大当嫁，可是，有多少爱情死于房价？虽然两者之间没有直接关系，但不可否认的是，不管什么时候，结婚总得要有住的地方。

中国有一个历史悠久的传统，老百姓都讲“盖房子娶媳妇”，在现代化的城市里，这演变成“想结婚买房子”。然而，一套房子的价格对大多数年轻人来说，称得上是一个天文数字。再者，人们的生活除了住房之外，还有孩子的上学和老人的健康，这两者都需要做很大的储备，人们不可能把钱全都用到房子上。在这样的情况下，人们对保障性住房的渴求就不难理解了。

“社会保障性住房”，是指由政府投资兴建或收购的，限定建设标准、供应对象和销售价格或者租金标准，具有保障性质和特定用途的住房。保障性住房与市场上的商品房相比，一个为了公益，一个为了赢利，有着本质不同。对于老百姓而言，保障性住房的最大特点当然就是便宜、实惠。实际上，在十多年前的住房改革中，保障性住房就已经被钦定为主角，但由于各种原因，它一直站在中国房地产这个大舞台的边缘。现在，在中国楼市甘当了十多年配角的保障性住房，终于等来了“变换角色”的时刻。

2006 年 5 月，国务院发布《中华人民共和国测绘成果管理条例（修订草案）》，提出六条房产调控纲要，明确重点发展中低价位、中小户型普通商品住房、经济适用住房和廉租住房。2007 年 8 月 8 日，国务院下达《关于解决城市低收入家庭住房困难的若干意见》，明确提出“进一步建立健全城市廉租住房制度”、“改进和规范经济适用住房制度”以及“逐步改善其他住房困难群体的居住条件”。进入 2008 年，各地政府推进保障性住房建设的力度进一步加大。这表明，买不起商品房的老百姓，有望借助保障性住房满足自己的基本生活需求，实现并不奢华的住宅梦想。相信随着保障性住房的推广，“广厦千万间，百姓俱欢颜”的梦想，离我们的距离将越来越近。

另外，政府加大市政配套的建设力度很关键，在一些偏远地区形成聚居地，要优先解决交通问题、购物问题。这样才能形成有效的引导，也就是把不属于高级商品房的目标人群，从排队买房的群体中解脱出来，才可能从根本上解决问题。

国际贸易——顺差、逆差与平衡

有一位祖母将一个橘子分给两个小孙子，但是两个孙子都怕对方比自己分得多，于是两个小家伙便围绕这个橘子开始了争吵。奇怪的是，祖母看到两个孙子吵得不可开交却没上前阻止，而是将这个橘子放在桌子上走开了。就在这时候，他们的姑姑进来了。姑姑看到两个小侄子相互指责，就问他们两个怎么回事。两个小家伙便将事情的来龙去脉对姑姑说了一遍。姑姑听完之后，便开始劝说他们两个。最后在姑姑的监督下两个小家伙终于把橘子分完了，然后开开心心地拿着橘子回各自的房间去了。

哥哥回到自己的房间后，将自己手中半个橘子榨成了橘子汁喝。弟弟回到房间之后，将果肉挖干净扔进了垃圾桶，留下了果皮，然后拿到厨房洗干净加了糖泡水喝。

看到这里，我们或许会觉得，两个小家伙都拿到了自己想要的，而且非常公平。其实，这种方法并不完美也不恰当，因为没有做到物尽其用。也就是说，两个小家伙因为事先没有说明自己的需求，导致最后双方盲目地追求形式上的公平而没有实现各自利益的最大化。

如果他们能够各取所需，爱喝果汁的哥哥将果皮分给爱喝橘皮水的弟弟，爱喝橘皮水的弟弟把果肉分给爱喝橘子汁的哥哥，那么双方的利益就可以达到最大化。将这种交换放大一千倍、一万倍就是贸易。如果将这兄弟俩换成两个国家，就是国际贸易。

国际贸易，也叫做世界贸易，指的是不同国家（和 / 或地区）之间的商品和劳务的交换活动。国际贸易由进口贸易（Import Trade）和出口贸易 (Export Trade) 两部分组成，故有时也称为进出口贸易。

国际贸易不仅让两个国家或地区之间的等价物品通过交易的方式进入了彼此的社会，满足了彼此的需求，同时也把商品生产水平较低的国家与生产水平较高的国家联结在一起，使彼此通过商品交易来缩小两个国家之间的社会生产水平的差距，促进世界总体生产水平的发展。 随着经济全球化的进程，国际贸易已经成为了世界经济发展的动力来源。但由于各个国家的经济、文化、科技等发展水平不同，国际贸易的作用也就不尽相同。比如说，中国属于政治文化大国，科技方面虽然发展势头较强劲但由于起步较晚，所以算不上有多先进。这就导致中国的出口以科技含量较低的商品为主，而一些科技含量较高的商品就占到了中国进口总额的很大一部分。

这样一来，中国的国际贸易总额与国际贸易方式都是以低科技含量的商品来换取高科技含量的商品来实现的,对我国的经济发展其实十分不利。

而与中国相邻的韩国和日本，由于政治、经济、科技、文化等总体发展水平较高，在与其他国家进行贸易的时候主要以出口高端产品为主，而一些科技含量不高的产业很早就被淘汰了，所以该类国家的国民对一些科技含量不是很高的生活用品需求量较大。因此，这类国家主要进口一些科技含量较低的商品，比如瓷器、服装等。也就是说，外国出口的是技术，我国出口的是资源。资源会有枯竭的一天，然而技术却是会不断向前发展的，由此可见，我们十分有必要扭转现在的局面。

说到国际贸易，我们还不得不说两个概念，即贸易顺差与贸易逆差。

贸易顺差，指的是在特定年度一国出口贸易总额大于进口贸易总额，又称“出超”。表示该国当年对外贸易处于有利地位。贸易顺差的大小在很大程度上反映一国在特定年份对外贸易活动状况。

贸易逆差，指的是一国在一定时期内（如一年、半年、一个季度、一个月等）出口贸易总值小于进口贸易总值，又称“入超”“贸易赤字”。它反映的是国与国之间的商品贸易状况，也是判断宏观经济运行状况的重要指标。

在中国经济的发展过程中，始终保持着贸易顺差的地位。贸易逆差一直被认为是一件坏事，直到后来实践证明，这一根深蒂固的观念对于我国经济的长远发展并不是有利的。首先，长期的顺差会导致我国在与其他国家的贸易往来中争端越来越多，摩擦也越来越多，为我国经济发展带来了一系列的负面影响；其次，长期坚持贸易顺差的观念和政策虽然为我国增加了不少外汇储备，但也从另一面反映了我国资源利用率没有达到最大化；最后，在贸易顺差政策的引导下，人民币升值压力超过预期值，又使得国际资本和大量热钱流入我国，造成通货膨胀的局面。

直到 2008 年，全球金融危机爆发之后，中国开始觉醒了。贸易顺差的路不能再走下去了，只有“平衡”才是我国经济未来发展的大方向。在本次的金融危机中，全球经济体的目光都落在了中国身上，因为中国这个新兴的经济大国能够为全球经济复苏带来极大的可能性。从 2009 年第三季度中国经济数据中我们可以了解到，在金融危机爆发的一年后，中国是世界上唯一保持 8% 增长速度的国家。然而，我们也同样看到了代价，在 2009 年中国与其他经济体之间的贸易摩擦不断，尤其是与美国之间的贸易纠纷比往年都要频繁。

由此可见，中国在今后的对外贸易中一定要坚持走平衡化发展的道路。避免贸易摩擦的同时，也要避免大量的资源型产品输出，提高我国产品的科技含量，以科技取胜。

外汇储备——中国该不该买美国国债

外汇储备，也称外汇存底，是指一国货币当局所持有并可以用于对外支付的国外可兑换货币的资产。当然，并不是所有国家的货币都能充当国际储备资产，只有在国际货币体系中占有重要地位，并且国际上广泛流通的货币才是外汇。像我国的人民币，就不能在国际上广泛交易流通，所以人民币就不能算作外汇。目前在国际结算中经常使用的外汇储备的货币形式主要有美元、欧元、日元、英镑等。

就我国而言，自 2006 年以来，外汇储备就已超过日本成为世界上最大 的外汇储备国家，并且这个数字还在不断攀升，直到 2010 年 6 月末才有回 落的迹象。外汇储备作为一个国家经济实力的重要标志，可以帮助国家进行经济调节、实现内外平衡。当本国的国际收支出现逆差时，充足的外汇储备可以促进国际收支的平衡；当国内市场不协调，总需求大于总供给时，也可以动用外汇组织进口，从而调节市场上的供求关系，促进本国经济的平衡发展。同时，当汇率出现大幅度波动时，可以利用外汇储备干预限制汇率，使之趋于稳定。因此，外汇储备是实现国家经济均衡稳定发展的一个必不可少的手段，特别是在经济全球化的今天，各国的经济都是互相牵制、互相关联的，所以，外汇储备尤为重要。

但是，外汇储备也并非多多益善，近些年来，由于我国的外汇储备规模的快速增长，对经济发展也产生了很多负面的影响。这里我们可以举个例子来理解。

一天一个菲律宾人去环游世界，中途他吃到了一种从未吃过的野果子，这种果子只有在中国和欧洲才有，于是他跟朋友商量想要买点儿带回去。

朋友说："好，但你要想清楚去哪里买，由于经济水平不同，物价水平也不同。这种野果子在欧洲是 1 欧元 1 个，在中国是 1 元一个。"

菲律宾人说："那我就近用 1 欧元买一个好了。"

朋友说："等等，其实你完全可以不用花钱便得到果子的。你先从中国赊购一个果子，到欧洲市场上去换 1 欧元，然后再拿 1 欧元到中国去，那你就可以换 10 个果子了。还给中国一个果子，你就白得了 9 个果子。"

菲律宾人说："这样也可以吗？那中国人为什么不到欧洲去卖个好价格呢？"

朋友说："因为中国现在重视的只是出口赚外汇，他们认为只有这样才能保证经济的稳定安全。即使损失一些资源，也要把中国的商品即资源型半成品廉价销售给外国。中国人就是利用了这一点不断地赚取外汇；欧洲人就是利用了这个差价，获取巨额的利润空间，不断地到中国进货、进口半成品。"

菲律宾人说："难怪中国的外汇储备居世界第一。"

当然，高额的外汇储备也会带来弊端。

首先，外汇储备过多，势必增加国内人民币的投放量。因为一国如果增加了外汇储备，那该国就不得不发行更多的本国货币，这样一来，如果幅度大的话，就会引发国内的通货膨胀，对本国的经济发展产生负面影响。而由于增加了基础货币的投放量，在另一方面也推动了货币信贷过快增长，除了引发通货膨胀，也带来了投资扩张、经济泡沫的产生等一系列问题，增加了银行体系的脆弱性。为了消除这种负面效应，央行必定会投放一定的成本来发行国内债券，而这其中的发行成本与国内储备增加带来的收益相比要大很多，由此，外汇储备的管理成本也就增加了。所以，我们也可以理解为：一国外汇储备越高，与之相应的管理成本也就越高。

其次，不断增长的外汇储备也加大了人民币升值的压力。就目前来看，我国不断攀高的外汇储备状况使人民币供不应求，人民币升值压力也就加大，但是我们不能忽视的一点是，如果人民币升值了，那必然会严重影响到我国产品的出口竞争力，尤其是在现在，出口是我国经济增长的主要动力，也是我国在经济危机过后恢复经济的重要手段。据统计，我国的外贸依存度已达到 60% 以上，如果出口竞争力削弱了，那不仅会影响我国经济的发展速度，我国国内劳动力的就业也将受到致命的打击。而近几年的事实也证明，外汇储备的高速飞升也会引发国际上对我国外贸顺差和人民币升值的过分关注，诱发更多的贸易争端。

最后，储备外币化的风险。经营外汇储备的资产，主要应以安全性、有效性和流动性有机结合为原则，以安全为第一要素。我国的外汇储备主要是投资于美国的国债，这样就带来了两个相关的问题：一是美元近几年的发展趋势不佳，汇率下跌，持续贬值。二是我国的外汇储备有一半以上都是购买了美国的国债，事实上很容易受制于人，尤其在经济全球化的大背景之下，一旦国际上的风波再起，美国完全可以把我们手中的巨额美元债券予以冻结，对此不得不防。

全球经济危机——华尔街的贪婪与无知

新世纪的第八个年头，对于全球经济来说是一个悲惨的年份。由于信用扩张，虚拟经济严重引起经济泡沫破裂，世界经济危机全面爆发。

在整个经济危机过程中，2007 年次贷危机的出现成为导火线。随后，多米诺骨牌效应逐渐浮出水面，导致一连串的经济连锁反应。包括 2009 年 4 月贝尔斯登破产被托管，7 月两房（房地美和房利美）危机爆发引发人们疯狂挤兑，9 月初美国政府迫于压力接管两房。同月 15 日，美国第四大投资银行雷曼兄弟宣布破产，消息传出之后全球金融股集体下跌。最后，美国五大投资银行仅剩的两巨头摩根斯坦利和高盛也被迫转型为银行控股公司。至此，美国的次贷危机全面升级为全球性金融危机。

此次的全球金融危机，可谓破坏力最大，影响力最广。究其原因，首先是银行利用储户的存款去做投资、放贷，因为经济景气，政策也比较宽松，银行开始大量放贷，放到最后连一些信用不好，没有还款能力证明的人也发放了贷款（次级贷款）。后来这些人没钱还不起了，而此时的政策又相对紧缩了。银行就不断有坏账产生，储备金也不足了。 等到之后储户要去取钱的时候，银行又拿不出来，大家听说银行没钱 了便开始集体恐慌，结果取钱的人越来越多，最后经济危机爆发了。

下面的比喻就形象、清晰、详细地说明了此贷危机的原因及细节：

假如市场上有两个人卖面包，每人一天卖 30 个（因为市场上面包的需求量只是 60 个），一元钱一个，每天产值 60 元。后来两个人商量了一下，用记账形式，彼此之间互相向对方买卖 100 个。那么，交易量每天就变成 260 元——虚拟经济产生了。

后来，两个人又把相互买卖的面包定价为 5 元，这时候，市场上的面包已经上涨为 3 元了。有些人听说面包在卖 5 元 1 个，看到市场上的只卖 3 元时，就赶快购买——泡沫经济由此产生。

面包一时之间也做不了这么快，有人就想着购买远期面包。两个人一方面抓紧时间做面包（每天达 100 个或更多），另一方面卖远期面包，发行面包债券，购买者可以用现金购买，还可以向银行抵押贷款购买——金融、融资介入。

有些人想购买，但既没有现金又没有抵押品，两个人就发放次级面包债券，并向保险机构购买了保险——次级债券为次贷危机播下种子，同时也连累了银行。

一天，两个人发现积压的面包吃也吃不完，存放既要场地，又容易发霉，就立刻开始抛售，哪怕价格低一些——泡沫破裂。金融危机就这样爆发了。随后，因为市场上只需要每天 60 个面包，加上原来积压的，面包店也开始裁员了——失业率上升，由此，整个经济全面崩溃。

此次的金融危机正是因为这样长期鼓励、刺激人们超前消费而酿成的恶果。银行、投机商、政府鼓励人民买房子、买汽车、买高档消费品，向人们发放各种各样的信用卡。“用明天的钱享受今天的生活”“让美梦提前到来”，说得天花乱坠。其实这种超前消费，也曾在若干年前带来短暂的繁荣。但一味地预支未来的购买力，毕竟是“寅吃卯粮”，一时的繁荣，吹起巨大虚幻的泡沫。一旦经济不景气，就会出现大批失业者，而还不起贷款，银行就会把房子收回去，可是在经济不景气的情况下房价也是下跌的，银行这时收回房子的价值，往往连当初贷出的本金都抵不回来。

在日益全球化的今天，金融危机的爆发波及很多国家，总结危机的经验教训，从微观上来说是由于华尔街金融机构的贪婪、盲目，创新过度，政府监管不到位，歪曲事实，信息不透明等导致的，从宏观上来说是由于金融衍生工具、产品的泛滥，宏观调控政策失职，经济结构不合理等导致的。同时，美国金融危机的教训也警示我们在开发金融衍生产品的同时必须加强相应监管力度，避免金融产品的盲目开发，从而控制风险的规模和程度。因为当风险足够大时，分散风险的工具也可能变成传递风险的渠道，美国的次贷危机就充分说明了这一点。

信用卡危机——消费主义的幽灵

关于信用卡的产生，还有这样一则有趣的故事：一天，美国商人弗兰克·麦克纳马拉在纽约一家饭店招待朋友用餐，就餐后才发现没有带钱包，顿时感到无比难堪和尴尬，不得不打电话叫妻子来饭店 结账。这件事让麦克纳马拉产生了创建信用卡公司的想法。1950 年春，他把这个想法付诸行动，与他的好友施奈德合作，一起投资了一万 美元，创立了“大来俱乐部”，也就是大来信用卡公司的前身。该俱乐 部专门为会员提供一种能够证明其支付能力和身份的卡片，会员可以凭卡片记账消费。

这种在商业活动中广泛应用的信用卡，后来随着银行信用的介入，逐渐转变为以银行信用为特征的信用卡。并被人们广泛应用，尤其是近几年，这种“先消费、后付账”的模式越来越火。在拉动内需、刺激经济发展的同时，也促使了虚拟经济、经济泡沫的产生。而它对金融危机全面爆发所起的“推波助澜”的作用，更是让人们惊恐不已。

次贷危机爆发之后，美国人最担心的是信用卡危机。信用卡是建立在消费者个人信用和支付能力之上的，同时也表现出发卡机构对未来经济前景看好的希望，但是如果经济前景不乐观，尤其是在金融危机的背景之下，哪个行业都不景气，投资的效果也就不好，消费者的支付能力降低，信用度也同样降低，那倒霉的就是银行了。

就信用卡在美国的发展现状来看，伴随着经济的长期繁荣，美国的信用卡业务一直增长。3 亿美国人中有半数以上的人都在使用信用卡，人均持卡量超过 5 张。而且，据估计有 14% 的人拥有至少 10 张信用卡。日常生活中，几乎任何费用都可以通过信用卡来支付，如果一张信用卡消费额度以 2000 美元计算，按照 7.5 亿张信用卡来算，也就是 1.5 万亿美元的消费额度，即 1.5 万亿美元的消费负债，而且这个数字还是保守计算的。

在次贷危机发生以前，美国信用卡的坏账率差不多是 5%，这个比率已经很让人担心了。而截止到 2010 年 6 月时，已经飙升到 12%。这个数字所带来的经济损失是惊人的。以往的信贷史表明，消费者信用卡违约常常在房屋抵押贷款违约之后。因为房子已经抵押给银行了，银行至少已经拿到了首付或者把房子收回来了，而信用卡却没有任何抵押物品，也就没有任何保障。这就造成当消费者陷入经济困境时，最先想到的往往就是拒付信用卡账单。并且，消费者一旦申请了破产保护，信用卡债务在法律程序上也是最先被抛弃的。换个方式说，信用卡持有者的抵押物是信用，一旦他们想放弃自己的信用，就可以大肆刷卡挥霍。

特别是在美国的失业率不断攀升的情况下，更多的人们选择用信用卡来维持生活，以至于美国最大的信用卡公司——美国运通公司，发布了这样一个公告：如果持卡人能够把自己的欠账还清，它就赠送 300 美元的储蓄卡，当然这个前提是持卡人必须把这张信用卡注销。这代表着什么呢？信用卡公司不得不以金钱的诱惑去鼓励人们把信用卡注销掉，由此可以看出美国所面临的信用卡危机有多么严重。

中国的老百姓，总体来说消费方式还是保守的，所以并未出现类似美国的情况。但是问题却仍是存在的，由于前几年发卡时限制条件少、过于宽松，而在发过卡之后，许多银行又实行了比美国人还严格的标准，结果造成违约率居高不下。

整个“圈地运动”是由各大银行在 2003 年发起的，当时银行不仅派人到各大公司的食堂前拉人办卡开户，在街道路口上摆摊为人办卡，到了最后还雇用中介机构进行促销。而中介为了佣金，基本上放弃了银行发卡的原则，只需要一张身份证的复印件就可以办理信用卡了。他们甚至还让客户填写假的收入证明，导致那时的信用卡发行市场相当混乱，也给今天

带来了不少烦恼。说到底，银行的最终目的就是希望能够先占市场份额，然后再考虑盈利。结果所有的银行都想到一起去了，最后每家抢到的也还是那点地盘。

由于办卡的方便，我国也曾出现过像美国一样的状态，即一人拥有多卡。只不过这些卡半数都处于睡眠状态，造成大量的浪费。现在，信用卡的“圈地运动”已过，各大银行同样都面临着睡眠卡过多和欠账不还的现象，而且愈演愈烈，所以许多银行现在已经不再大量发卡，转而实行风险管理了。 许多人都认为大洋彼岸的美国人与我们的消费观念差距太大，他们日益膨胀的信用卡坏账黑洞与我们并无多大关系。那么我们不妨来看看和我们习惯相近的韩国人。韩国信用卡持有量在 1999 ~ 2001 年迅猛增长，总发卡量超过 1 亿张，而韩国的劳动人口也不过 2200 多万，这就意味着这些人每人平均拥有 4 张以上信用卡。

究其原因，就是在 1997 年亚洲金融危机后，韩国政府为了尽快恢复经济，实行鼓励消费信贷以刺激经济的政策，明确规定不接受信用卡的商家将会被制裁，而使用信用卡的手续费由信用卡公司承担。在这项政策的鼓励下，韩国人逐渐开始改变消费习惯，大量进行信贷消费。储蓄率从1995 年的 35.5%，一下降到了 2003 年的 27.3%。与此同时，在 2003 年年底的时候，信用不良者达到了 360 万人。同年，韩国的信用卡危机也发生了。那时，信用卡债务拖欠比例达到了 11.2%，创历史纪录。大批信用卡公司亏损严重、面临破产。

经历过此次金融危机，我们应该看到，这场金融风暴真正的罪魁祸首并非某些人所讲的信用消费模式本身，而是对这种模式使用过度造成的。就中国目前状况来看，提高信用消费或许是拉动内需的有力措施能推动消费需求，刺激市场经济，但是这种消费模式要谨慎使用，以免走韩国的老路。中国信用卡行业必须从这场金融海啸中吸取更多的经验教训，明确未来发展方向和自身的实际。

货币战争——破译美元的“达芬奇密码”

货币战争，作为全球金融危机的产物，无疑是美元统治和“美元霸权”在资本主义经济危机时期的一种集中且极致的运用。同时，也是“美元霸权”走向衰落进程中的一次剧烈挣扎。其主要意图在于转嫁经济危机过后的损失、掠夺人民及其他国家的财富。

就 2010 年来说，美元的全球“汇率战”策略十分明显。世界都看穿了美元通过汇率贬值避债的意愿，该意愿所带来的后果就是其他采用浮动汇率机制的货币“被升值”。

从泰国到新加坡，从韩国到巴西，全球很多经济体都感到了本币对美元升值的强大压力。因为在“被升值”之后，这些经济体出口甚至金融安全与稳定，都要面临严峻的挑战。对此，分析人士指出，美国连续不停地开动印钞机，分明是想“私人债务国家化”，然后再将“国家债务国际化”，力图通过货币贬值与输出通胀来化解眼前的债务，处理本国经济长期累积的过度负债问题。

关于以上美国在经济危机过后试图以货币为媒介来转嫁危机的说法，我们不妨具体展开来说。

首先，在全球经济危机过后，美国最典型最具体的做法就是增发货币、输出通胀。就短期和中期来看，由于美国在国际货币体系中占据核心位置，美联储大量增发的货币，用不了多长时间就会通过贸易及资本流动等渠道涌进其他国家，这样一来，任何奉行开放经济的国家都无法独善其身。由于众多发达国家的金融机构都背负着沉重的不良资产负担，因此，它们首要的任务就是尽快提高资产质量，即使现金充裕也不会直接投资于中小企业，而是会购买所谓的高质量资产。在这种情况下，泛滥成灾的热钱将会流向中国、巴西等新兴热门市场，随之而来的就是抬高股票，房价物价飞速上涨，最后泡沫越来越大，通货膨胀严重。懂经济的人都知道，通货膨胀与资产泡沫从来就只是单纯的经济问题，同时也是复杂的政治和社会问题。

其次，就是收紧货币、资本逆流。从较长的时间跨度上来看，输出通货膨胀压力算不上货币灾难中的最大冲击。正如大水之后常有大旱一样，以重新收紧货币政策为特点的货币战争第二阶段，将引发大规模的资本流动逆转与债务危机。

正如20世纪70年代“尼克松冲击”引发西方各国货币竞争性贬值的货币战争中，西方主要经济体皆步入“奔腾式通货膨胀”时期，然而利率水平提升却相对滞后，导致1974 ~ 1977年扣除通货膨胀之后的伦敦银行同业拆借利率连续4年为负，1975 ~ 1980年的平均实际利率为0。1970 ~ 1980年平均实际利率也只有0.4%。在这种情况下，其他国家纷纷加大力度利用西方债务来融资，即使与西方阵营敌对的社会主义国家也不例外。

然而，到了 20 世纪 80 年代初，这场后发国家债务融资的盛会却因美联储主席保罗·沃尔克铁腕推行的紧缩货币政策而告终了。他的铁腕造就了“耶稣以来最高的实际利率”，且长时间居高不下，美国优惠利率从 1976 年的 6.8% 提高到 1981 年的 18.9% 与 1982 年中的 15.3%。欧洲货币市场的伦敦同业拆放利率从 1976 年的 6% 提高到 1980 年的 11.6% 与 1981 年的 14.3%，债务融资条件骤然恶化。

以 1982 年墨西哥无力偿还外债而引发全球性债务危机为开端，20 世纪 80 年代发展中国家债务危机的重灾区墨西哥、阿根廷、巴西、委内瑞拉、科特迪瓦、多哥、尼日利亚等国相继陷入了“失去的十年”。波兰外债危机更是催生了团结工会，由此启动了苏联东欧社会主义国家剧变的历程。当年，中国也与墨西哥式债务危机几乎是擦肩而过。

总而言之，货币战争是残酷无情的，是强国利益集团用来掠夺国际资产的渠道。他们主导了世界的经济情势，将债务与责任留给了普通大众。

金融——财富到底流向了哪里

2007 年 7 月，美国次贷危机爆发。2008 年秋，次贷危机进一步演变为全方位的金融危机。紧接着雷曼兄弟公司宣布破产，此时，美国的金融危机不仅裂变成全球的金融危机，更是转变成了十足的经济危机，对全球经济形势造成严重冲击，给世界带来了失业、破产、政治动荡等一系列的严峻挑战。 在这种时候，很多人都在问 ：金融到底是什么？金融有什么作用？ 危机之后，金融市场是否会被人类所抛弃？金融交易除了让华尔街、金融界赚钱之外，对社会中的普通人到底有没有贡献、有没有创造价值？现在，我们便从头来说。

我们经常说这个世界苦乐不均，有穷有富。这样，钱用不完的人就成了资金的供给者，钱不够花的人就是资金的需求者。当然，资金的供给者与需求者可能是个人、企业、政府还可能是金融机构，总之，可以是任何机构或个人。

我们都知道，有供给与需求的地方就有市场。那么，当资金的供给者与需求者同时存在的话，也就有了“资金市场”，或称“金融市场”。之后，通过在金融市场上交易，需求者与供给者都能得到满足。其中，资金从供给者流向需求者的过程就是资金融通，简称为“金融”。

再具体点来说，金融是货币流通和信用活动以及与之相联系的经济活动的总称。广义的金融泛指一切与信用货币的发行、保管、兑换、结算、融通有关的经济活动，甚至包括金银的买卖。狭义的金融专指信用货币的融通。

金融市场的交易活动较为复杂，根据市场上交易的信用工具的期限，通常分为货币市场与资本市场。融资在一年以上的是资本市场，在一年以内的是货币市场。

货币市场，主要是政府、银行及工商企业发行的短期信用工具，具有期限短、流动性强和风险小的特点。货币市场由同业拆借市场、票据贴现市场、可转让大额定期存单市场和短期证券市场四个子市场构成。

先简单来说一下拆借市场。每家商业银行因为其业务收支状态的不尽相同，所以一天下来，有的收入小于支出，有的收入大于支出。收入小于支出的叫做“少头寸”，收入大于支出的叫做“多头寸”。头寸的意思也就是款项。据说，该说法是这样流传下来的：辛亥革命之后，袁世凯做了总统。1914 年，袁世凯决定要改革币制，发行新货币。新货币的正面就印有他的头像，人们称为“袁大头”，而十个袁大头码起来刚好是一寸。因此，银行把款项叫做“头寸”。同业拆借市场就是银行之间融出或融进头寸的市场。资本市场包括金融机构面向企业的贷款市场以及债券市场、股票市场、基金市场等。其中，股票市场最为人们所熟知。

资本市场的主要功能就是融资，让有所需者有所得。融资的方式有两

种，一是通过商业银行获取，这种叫间接融资。“间接”在其中的意思是资金的需求者和供给者并非直接交易，而是隔着商业银行。就像是银行借贷，存款人把钱存进银行，贷款人去银行申请贷款，他们互不相识，而是银行把他们联系在一起。当然，银行并不会白做，它必定会从中获利，这个“利”，就是贷款人所要支付给银行的利息。

另一种是直接融资，资金的需求者和供给者直接联系，没有中间人。像是股票市场，当一家上市公司首次公开募股的时候，投资者的钱就会直接进入上市公司的账户。可以说，股票融资十分便利优越。对此，马克思大为赞赏：“假如必须等待积累去使某些单个资本增长到能够修建铁路的程度，那么恐怕直到今天世界上还没有铁路。然而，集中通过股份公司转眼之间就把这件事完成了。”

总的来说，直接融资与间接融资各有利弊。直接融资的好处在于法律约束相对宽松，获得的资金数额也比较多、比较快，成本也相对低，缺点就是如果资信度不足的话，很可能就募不到钱，并且募股需要披露详细信息，不利于保守公司的商业秘密。

间接融资的优点在于获取资金比较有保证，也不用技露企业的详细信息。缺点就是法律要求较高，贷款规模受到银行本身资产规模和业务的限制。就像是我国的商业银行都有的贷款指标，并且还要受到货币政策变动的影响。例如在 2008 年上半年，为了控制通货膨胀，银行采取大力收缩信贷的措施，而在第四季度又为了刺激投资和消费，不得不急剧扩张信贷规模，在一个月内就增加了 1.6 万亿元的信贷。

总的来说，直接融资与间接融资的优劣都只是理论上的，并没有绝对的好坏之分。因为社会经济的需要，它们将长期存在，尽管资本市场在近些年越来越不可或缺，但是由于银行是资本市场的基础，所以间接融资并不会因此而衰退。对于企业来说，究竟是选择哪种形式好，取决于融资者的自身需要，也取决于市场与制度。

经济，为社会的经济；金融，为社会的金融。因此，无论是经济还是金融，都是与社会密不可分的。金融在以其特有的方式作用于经济的同时，也在作用于社会，不但使得交易更为便利，更重要的是引领了社会经济的发展。

泡沫经济——破裂前的疯狂

我们都会被肥皂泡的七彩绚烂所吸引，也都明白，肥皂泡越大、越光鲜漂亮，离它的破灭也就越近。而且这种破灭是瞬间发生的，也是毁灭性的。在经济学里，有一种现象与肥皂泡非常相似，这就是“泡沫经济”。

简单来说，泡沫经济就是一个过热、不正常的市场，蜂拥着太多的买家，购买力太强烈，结果导致价格飞速上涨，到了最后，价格已经完全背离了其真实价值。当这一情形越来越无法持续下去时，有些人逐渐意识到危险性，然后开始抛售。直到后来所有人都一起卖出，使得其价格下跌的速度比上涨时还要飞快。就这样由于人们恐慌性抛售导致价格急剧下降，泡沫就此破裂。整个经济过程中，进入市场较晚的那批人遭受了毁灭性的打击。

其实泡沫经济早在 400 年前的西欧就出现了，只不过它的主体不是房子，也不是股票，而是鲜花——郁金香。

当郁金香从地中海一带传入西欧时，善于研究的荷兰人很快就培育出了更具观赏性的变种郁金香。由于稀少、罕见，在舆论吹捧、宣传之下，人们对这种变种的郁金香表现出一种疯狂、病态的倾慕与热情。 这些郁金香球茎的价格飞涨，成为当时投机者猎取的对象，大批投机商囤积郁金香球茎以待价格涨得更高。1636 年，表面上看起来不值一钱的郁金香，竟然能换到一辆马车、几匹马。直至 1637 年，郁金香球茎的总涨幅已达到 5900%，最贵的变种郁金香的价格居然可以买到一座房子。由于市场过热，现货交易已经难以满足需求，期货交易随之产生。投资者的队伍越来越壮大，在这之中，不知有多少人高息贷款来投机。

然而经济泡沫的破裂，瞬间毁灭了所有人的发财梦想。1637 年 2 月 4 日，人们惊奇地发现，郁金香球茎的价格一泻千里，暴跌不止。市场几乎转瞬之间就全面崩溃了。那些欠着高额债务的投机商们手中的球茎变得一文不值，每天都有人自杀，社会动荡不安，最终导致整个国家陷入经济危机之中——这就是著名的郁金香事件。

与上面的事件不同，在现代社会中，所有投机商们都清楚市场泡沫的存在，也都明白它会有破裂的一天。所以他们都想在泡沫破裂之前尽可能地赚大钱，而实际上要给出泡沫破裂的准确时间表却很难。卖家的贪婪和野心越强烈，他们挺到最后的时间也就越晚，泡沫破裂时赔得也就越惨。

“没人会在赚钱的时候破产”，可惜人们在利益面前通常是盲目的，偏要等到这个山芋烤得烫手甚至要焦掉时，才伸手把它从烤箱里拿出来，这不只是危险，也是愚蠢。因为当下跌开始的时候，也就是它结束的时候，一切都太快了，想要全身而退已经太晚了，结局必然是毁灭性的打击。

泡沫经济绝不是一种正常的现象。在我们做投资的时候要时刻观察市场。关于市场监管和政府调控，这些都只是他们的工作职责，千万不要太寄希望于他们。记住，没有人比你更关心你自己的钱。随着市场价格上涨，看准时机脱手卖出才是明智之举，也是遏制市场泡沫，保持资产配置稳定以及避免风险过大的有力之举。

参考文献

[1] 曼尼 . 经济学原理［M］. 梁小民，梁砾，译 . 北京:北京大学出版社，2009.

[2] 郎咸平 . 我们的日子为什么这么难［M］. 北京：东方出版社，2010.

[3] 弗兰克 . 写给中国人的经济学［M］. 闾佳，译 . 北京：中国人民大学出版社，2010.

[4] 王福重 . 写给中国人的经济学［M］. 北京：机械工业出版社，2010.

[5] 凡禹 . 18 岁以后懂点经济学［M］. 北京：新世界出版社，2010.

[6] 郑治伟 . 20 几岁每天学点经济学［M］. 北京：现代出版社，2009.

[7] 张立娟，王彩霞 . 每天学点经济学［M］. 北京：金城出版社，2009.

[8] 林智 . 20 几岁要懂点经济学［M］. 北京：中国纺织出版社，2009.